Matthias Pöhm

Vergessen Sie alles über Rhetorik

Matthias Pöhm

Vergessen Sie alles über Rhetorik

Mitreißend reden –
ein sprachliches Feuerwerk in Bildern

mvg

Die Deutsche Bibliothek – CIP-Einheitsaufnahme

Pöhm, Matthias:
Vergessen Sie alles über Rhetorik : Mitreißend reden – ein sprachliches Feuerwerk in Bildern. – Landsberg am Lech : mvg, 2001
ISBN 3-478-73231-X

Umschlaggestaltung: Vierthaler & Braun, München
Satz: Fotosatz H. Buck, Kumhausen
Druck- und Bindearbeiten: Himmer GmbH, Augsburg
Printed in Germany 73231/801802
ISBN 3-478-73231-X

Inhaltsverzeichnis

Einleitung

Ich bin Rhetoriktrainer aus Leidenschaft. Das war aber nicht immer so. Bevor ich mich als Rhetorik- und Schlagfertigkeitstrainer selbstständig gemacht habe, war ich Software-Ingenieur. Ich möchte Ihnen einmal die Geschichte erzählen, wie ich zur Rhetorik gekommen bin:

Ich hatte Riesenprobleme vor Leuten zu reden. Schon in der Schule hatte ich fürchterliches Herzpochen und Händezittern, wenn jeder Schüler etwas vorlesen musste und ich mir ausrechnete, wann die Reihe an mir war. Später hatte ich ein echtes Schlüsselerlebnis. Es war zu der Zeit, als ich als Software-Ingenieur in Genf arbeitete. In Genf spricht man Französisch. Ich war damals als Personalvertreter gewählt, weil ich sowohl Deutsch als auch Französisch sprach. Mein damaliger Chef hielt am Ende des Jahres eine Mitarbeiterversammlung ab. Er referierte über das Ergebnis des vergangenen Jahres, gab einen Ausblick auf das kommende Jahr und plötzlich kam die Rede auf das Thema der Personalvertretung. Er begann darüber zu sprechen, da sah er mich in der Menge und sagte unvermittelt: „Ah, Herr Pöhm ist ja da, der könnte uns mal darüber berichten“. Und so musste ich von einer auf die andere Sekunde aufstehen und unvorbereitet Stellung nehmen, noch dazu in einer Sprache, die nicht meine Muttersprache war. Ich hatte schweißnasse Hände – ich war knallrot im Gesicht – mein Herz pochte so heftig, dass meine Stimme bebte – hörbar für alle 50 Mitarbeiter. Und ich weiß bis heute nicht, was ich dort zusammengestammelt habe.

Mein Hirn hatte sich von den gesprochenen Worten gelöst. Knallrot und beschämt habe ich mich wieder hingesetzt. Ich war vor allen blamiert. Der gewählte Personalvertreter! Es war so peinlich, dass ich zwei Tage nicht mehr in die Firma gehen wollte.

Damals schwor ich mir: *Das bekommst du weg!* Kurze Zeit später zog ich in die Deutschschweiz um und meldete mich dort für einen Rhetorikkurs nach dem anderen an. Es gab Wochen, da war ich an fünf Abenden in fünf unterschiedlichen Rhetorikkursen. Mit so einem massiven Aufwand wird man irgendwann besser. Das kann man gar nicht verhindern.

Dann legte ich mir die Latte immer höher. Eines Tages sah ich in einer Zeitung einen Artikel über den Schweizer Mineralwasserproduzenten Rhäzünser. Der investierte sein ganzes damaliges Werbebudget in eine Tournee durch alle größeren Schweizer Städte. Es wurde ein Spiel veranstaltet, wo man den „Hochstapler des Jahres“ suchte. Kandidaten stapelten Getränkekisten, und wer den höchsten Turm schaffte, bevor der Turm mitsamt dem Kandidaten einstürzte, hatte gewonnen. Ich rief aufgrund des Artikels die Firma an und fragte, ob sie schon jemanden hätten, der das in der Öffentlichkeit präsentiert. Sie sagten: „Nein, haben wir nicht, aber dafür ist auch kein Budget vorgesehen.“ Ich sagte: „Egal, ich mach’s Ihnen umsonst.“ Und auf diese Weise begann ich, Veranstaltungen in der Öffentlichkeit zu moderieren: Eventmarketingveranstaltungen, Galas, Messen.

Dann legte ich mir die Latte wieder ein Stück höher. Die höchsten Weihen für einen Moderator sind Auftritte im Fernsehen. Und es ist mir tatsächlich gelungen, zu Probeaufnahmen, den so genannten Castings, eingeladen zu werden. Eine der häufigsten Fragen, die mir dort gestellt wurden, lautete: „Herr Pöhm, haben Sie eine Sprachausbildung?“ Ich musste verneinen, aber für mich beschloss ich: Die machst du. Und so machte ich damals neben meinem normalen Job drei Jahre lang eine Sprachausbildung. Irgendwann war auch da der Durchbruch geschafft und ich konnte professionell als Sprecher arbeiten. Ich wurde von Tonstudios engagiert, als Kommentarsprecher für Infofilme oder als Sprecher für Werbung.

Ich habe sehr viele Rhetorikkurse selbst besucht, darunter die teuersten, die Sie in Deutschland und der Schweiz finden können. Meiner Einschätzung nach wissen die meisten Rhetoriktrainer nicht, worauf es wirklich ankommt. Sie wissen schlicht und einfach nicht, wie Rhetorik funktioniert. Man hat den Eindruck, sie haben ein paar Rhetorikbücher gelesen und plappern einfach nach, was der Durchschnitt aller anderen auch sagt. In solchen Kursen hören Sie dann Tipps wie: Der Redner muss langsam, gemächlich zum Rednerplatz gehen; Nutzen Sie die Struktur: Einleitung – Hauptteil – Schluss; Vor- und Nachteile von Präsentationshilfsmitteln … usw.

Dieses Buch hat den Anspruch, Ihnen eine komplett neue, moderne Art der Rhetorik zu vermitteln. Rhetorik, wie ich sie verstehe, ist die Kunst, Bilder in den Köpfen der Menschen entstehen zu lassen. Es ist das freie Sprechen vor einem Publikum, so dass Spannung, Begeisterung und Emotionen vermittelt werden. Ich habe mir die Frage gestellt, wie man mit freiem Reden Faszination auslösen kann. Sie bekommen hier eine handfeste Anleitung in die Hand, wie Sie das im Detail bewirken können. Rhetoriker müssen sich heutzutage als Entertainer begreifen. Das haben noch viele nicht mitbekommen. Eine Teilnehmerin eines meiner Seminare erzählte mir, dass ihr Rhetorik-Professor an der Universität den Studenten beigebracht hätte: „Bleiben Sie immer auf der Sachebene – erzählen Sie nichts Persönliches." Nein – das Gegenteil ist die Wahrheit. Erzählen Sie möglichst viel Persönliches und Sie werden das Publikum gewinnen.

Das Problem bei einem Buch über Rhetorik ist leider, dass es auf Papier gedruckt ist – Sie *lesen* dieses Buch. Aber die Gesetze der geschriebenen Sprache sind komplett anders als die Gesetze der gesprochenen Sprache. Auch das ist die Ursache so vieler schlechter Reden: Sie werden schriftlich auf Papier entworfen. Die Beispiele in diesem Buch müssten Ihnen eigentlich frei gesprochen vorgetragen werden, nur dann entfalten sie ihre volle Wirkung. Ein Satz, den Sie hören, wird von Ihrem Bewusstsein anders aufgenommen als ein Satz, den Sie lesen.

Hier ein Beispiel aus einer frei gesprochenen Rede:

> „Psychologisch passiert dabei Folgendes: Der Angreifer macht einen Vorwurf – negativ vorprogrammiert – plötzlich wird von ihm geredet – auch noch positiv – und jetzt die Frage, die ihn in den Mittelpunkt stellt, auch noch als Vorbild – das ist zu verführerisch."

Diesen Satz würde so niemand niederschreiben. Aber genau so reden wir. Die Regeln, die uns für das Schreiben gegeben wurden, können wir für das freie Sprechen teilweise genau ins Gegenteil umkehren.

Ein Tipp zum Lesen dieses Buches: Untersuchungen haben gezeigt, dass der Durchschnitt aller Menschen ein Buch nur bis zur Seite 21 liest. Nicht alles, was in diesem Buch steht, wird für Sie wichtig erscheinen. Deshalb blättern Sie zunächst dieses Buch durch und markieren Sie sich mit einem Bleistift die Überschriften, die bei Ihnen Interesse auslösen. Und dann lesen Sie nur diese Kapitel. So bleiben Sie mit Freude daran und haben das Wichtigste aus dem Buch für Sie herausgezogen.

1. Die neue Rhetorik

Nur die Wirkung zählt

Sie werden in diesem Buch etliche Regeln finden, die das Gegenteil dessen propagieren, was Sie bisher für gültig erachtet haben. Ich habe mir einen ganz einfachen Grundsatz zu Eigen gemacht: Ich betrachte alles von der Wirkung her. Ich schaue mir eine bestehende Rhetorikregel an, probiere sie aus und entscheide aus dem Bauch heraus, wie sie auf mich wirkt. Dann nehme ich genau das Gegenteil dieser Regel, probiere es aus, und höre wieder auf meinen Bauch. Und wenn mein Bauch sagt, dass die bestehende Regel eine bessere Wirkung hat, dann wird natürlich die bestehende Regel übernommen. Wenn allerdings mein Bauch die neue Version von der Wirkung her als besser einstuft, dann wird sie eben nun zur Regel. So flogen etliche, verkopfte Ansätze, die sich seit Jahrzehnten in Rhetorikbüchern und bei Rhetoriktrainern gehalten haben, über Bord.

Ich habe mit meinem Ansatz des öffentlichen Redens einen sehr hohen Anspruch. Ich habe Redner analysiert, die wirklich mitreißend und begeisternd reden. Von ihnen habe ich mir Dinge abgeschaut. Ich will Ihnen Techniken und Tricks zeigen, wie Sie ein Zauberer werden können. Mein Anliegen ist es aber nicht, Sie zu einem Zauberer zu machen, der ein Dorffest unterhalten kann. Meine Intention ist es, Ihnen solche Details und Feinheiten beizubringen, damit Sie zukünftig wie ein David Copperfield auftreten.

Eine Rede muss wirken. Es gibt ein strenges Kriterium, das ich manchmal in meinen Rhetorik-Coachings einsetze:

Jeder Satz, der nicht interessant wirkt, der nicht unterhaltend wirkt, der nicht spannend wirkt, kann ersatzlos gestrichen werden.

Wenn Sie mit diesem Leitfaden einmal Ihre bestehenden Präsentationen durchgehen, dann bekommen Sie zwingend kürzere und viel bessere Reden.

Die zeitgemäße Rhetorik

Rhetorik, wie sie heutzutage benutzt werden soll, hat ihr Vorbild in der Werbung: spannend, unterhaltsam, bildorientiert, kurze Abfolge von Bildern, emotional, wenige plakative Botschaften. Nach diesen Kriterien beurteilen wir unterbewusst inzwischen auch öffentliche Reden. Viele Rhetoriktrainer kommen aus einer Generation, die diesen Wandel nicht nachvollzogen hat. Sie halten sich immer noch an eine überkommene Rhetorik, an Grundsätze der alten Griechen und Römer, und denken, die Rhetorik sei vom Prinzip her gleich geblieben. Aber wie in allen anderen Bereichen hat auch hier ein rasanter Wertewandel stattgefunden. Regeln, die Jahrhunderte lang ihre Gültigkeit hatten, sind blitzartig zu Staub geworden. Redestrukturen, Übersichten am Anfang, geschliffene Ausdrucksformen, Begrüßungen, Zitate und Stilblüten, Fünf-Satz-Strukturen … Das sind inzwischen alles Relikte aus vergangener Zeit.

Leider machen es uns öffentliche Personen wie Politiker, Manager und hohe Führungskräfte noch immer schlecht vor. Und der Mensch ist ein Wesen, das 95 Prozent seines Verhaltens durch Imitation erlernt hat – also imitieren wir auch schlechtes Verhalten. Wenn es der Herr Generalmanager und der prominente Politiker so vormachen, kann das doch nicht verkehrt sein – sonst wären sie ja schließlich nicht auf diesem Posten. Und so multipliziert sich ein mangelhaftes Verhalten ganz unbewusst über die Zeit hin.

Der Aufbau Ihres Bewusstseins

Ihr Bewusstsein können Sie sich wie einen Eisberg vorstellen: 90 Prozent des Eisbergs liegen unter Wasser und nur 10 Prozent über Wasser. Der obere Teil entspricht Ihrem wachen Bewusstsein – ist also der Teil, der für Ihr logisches Verständnis zuständig ist. Die restlichen 90 Prozent, die unter Wasser, entsprechen Ihrem Unterbewusstsein. Ihr Unterbewusstsein ist nur in der Lage, Bilder oder Gefühle zu verarbeiten. Wenn Sie jetzt beispielsweise den Ausdruck „Kommunikationskompetenz professionalisieren" hören, so landet dieser Ausdruck im wachen Teil über Wasser.

Sie müssen jetzt Energie aufwenden, um diesen Ausdruck in etwas Anschauliches zu übersetzen, damit der Teil unter der Wasseroberfläche das auch verarbeiten kann. Weder zum Wort „professionalisieren" noch zu „Kommunikationskompetenz" haben Sie ein konkretes Bild. Sie müssen für ein paar Zeiteinheiten innehalten, um sich eine Vorstellung zu machen, was der Redner wohl damit meint. Und hier liegt das große Problem: Sie verlangen vom Zuhörer jedes Mal ein Stückchen Energieaufwand, um Ihnen zu folgen. Die Mühe macht er sich drei-, viermal, aber dann ist es ihm zu anstrengend und er schweift mit seinen Gedanken ab. Sie als Redner verlangen zu viel Energie vom Zuhörer. Was ich Ihnen in diesem Buch vermitteln will, ist das energielose Reden.

Energieloses Reden: Das heißt so anschaulich reden, dass wir direkt ins Unterbewusstsein funken und den Logikteil kurzschließen.

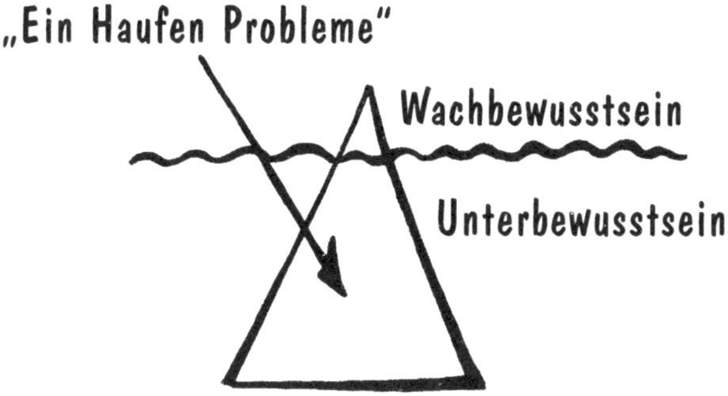

Für das Unterbewusstsein ist es umso besser, je konkreter und fassbarer Sie sich ausdrücken.

Ihr Hirn liebt Konkretes. Machen Sie abstrakte Zeit- und Mengenangaben immer konkret.

Wenn Sie jetzt beispielsweise davon sprechen, dass Ihr Vorschlag „Kostenersparnis" bringt, so landet dieser Begriff nur im über der Wasseroberfläche liegenden Logikteil. Es löst bei den Menschen noch nichts aus. Konkrete

Zahlen sind immer fassbarer für unser Hirn. Wenn Sie von „Kosten“, „Zeiten“, oder „Strecken“ sprechen, so geben Sie immer konkrete Zahlen. Sprechen Sie also besser von 4.000 Euro pro Woche statt von „Kosteneinsparung“ oder von zwei Stunden jeden Tag statt von „Zeitverlust“ oder von vier Kilometern Umweg statt von „längerem Weg“. Das ist viel anschaulicher, fassbarer und landet direkt im Unterbewusstsein.

Hier nun als Beispiel ein spezieller Tipp, wie Sie das häufig verwendete Wort „amortisieren“ in Zukunft umschreiben sollten. Sagen Sie statt dessen „es bezahlt sich von selbst“, geben Sie danach konkret an, ab wann sich die Investition bezahlt macht und im Anschluss sagen Sie, dass der Zuhörer ab dem Datum X Geld *verliert*. Hier ein Beispielsatz: „Der Einbau dieser Heizungsanlage amortisiert sich.“ – Heißt in der Umformulierung:

> „Der Einbau dieser Heizungsanlage bezahlt sich von selbst. Sie sparen dadurch jeden Monat 200 Euro Heizkosten. Nach vier Jahren haben Sie die Anschaffungskosten von 9.700 Euro wieder drin. Ab dem vierten Jahr *verlieren* Sie Geld. 200 Euro: Monat für Monat, Jahr für Jahr.“

2. Faszination auslösen

Die Sprache der neuen Rhetorik

Rupert Lay, Jesuit und Urvater der Dialektik, wurde in einem Interview des Tagesanzeigers aus Zürich gefragt: „Nun werden Sie auch über die lenkenden Reaktionen sprechen. Dabei geht es um das Lenken bei Provokationen in Gesprächen oder bei Interviews. Was können Sie dazu schon heute verraten?“

Rupert Lay:

> „Vorerst noch ein Wort zu den lenkenden Reaktionen. Um sinnvoll auf Provokationen reagieren zu können, muss derjenige, der provoziert wird, über eine begründete Erkenntnistheorie verfügen. Diese Erkenntnistheorie darf nicht rekonstruktivistisch sein, nach der wir uns selbst oder andere Menschen so erkennen, wie sie an sich sind. Alle Abbildtheorien sind widerlegt worden …“[1]

Mit so einem Satz konnte man in den 70-er Jahren vielleicht noch einen Blumentopf gewinnen. Die Zeiten sind heute vorbei!

Dr. Michael Spitzbart, zur Zeit Deutschlands Gesundheitsexperte Nr. 1, in einer frei gesprochenen Rede:

> „Risiken bei Überdosierung? – Keine Nebenwirkung! Sie können die Apotheke leer fressen, es kann nix passieren. Aber es wird Ihnen nicht nicht geraten, äh, auch nicht erlaubt …“.[2]

Spitzbart ist ein packender Redner. Bei dem sind Sie keine Minute gelangweilt.

Eine Rede, die sich gut liest, ist eine schlechte Rede.

Gesprochene Sprache gehorcht anderen Gesetzen als die geschriebene Sprache. Eine Rede muss am Rednerpult wirken und nicht auf Papier. Eine frei gehaltene Rede, die packend ist, hätte wörtlich niedergeschrieben haufenweise Stil- und Grammatikfehler – wenn man die Gesetze der geschriebenen Sprache anwenden würde.

Altbundespräsident Richard von Weizsäcker wird allgemein als großer Redner eingeschätzt. Doch nach den modernen Grundsätzen der Rhetorik kann man das nicht mehr so sehen. So sehr ich diesen Mann schätze: Er redet für eine akademische Elite, die sich die Mühe machen will, seine Satzungetüme in anschauliche Bedeutungen zu übersetzen. Hier beispielsweise ein Satz aus seiner berühmten, hochgelobten Rede vor dem Europäischen Parlament:

> „Soweit im Zuge der Einigung nationale Gesetzgebungskompetenzen auf europäische Gremien verlagert werden, vermindert dies den Einfluss nationaler Parlamente, ohne dass aber schon eine entsprechende Parlamentskompetenz in Europa entsteht.“

Ein Satz mit 28 Worten. Das ist eine Rede, die am Schreibtisch entstanden ist. Ein 15-jähriger hätte sich aus dieser Rede spätestens nach einer Minute verabschiedet.

Das ist Rhetorik aus einer vergangenen Zeit: eloquent und wohlformuliert. Gemacht für Menschen, die Freude an geschliffener Sprache haben. So wie Shakespeares Bühnenstücke. Das große Problem dabei: Es erfordert *Energie*, dem zuzuhören. Es erfordert *Energie*, es in anschauliche Bedeutung zu übersetzen. Heutzutage müssen Sie aber so reden, dass Ihre Botschaft ohne Aufwand an Energie in den Köpfen der Zuhörer landet. Wir müssen immer so reden, dass die Mehrheit der Bevölkerung uns verstehen würde. Diesen „Niveauverlust" können wir bekämpfen oder nicht. Die Zeit, in der wir leben, ist nun mal so, wie sie ist – die kann ich nicht ändern, aber Sie und Ihr Redeverhalten schon.

Hier nun ein Grundsatz. Prinzipiell gilt:

Verben haben einen größeren Emotionalgehalt als Hauptworte.

Um das zu demonstrieren, möchte ich mit Ihnen einen kleinen Test veranstalten. Bitte lesen Sie die nachfolgenden drei Hauptworte so oft, bis Sie sie auswendig können:

Weggang, Hilfe, Handlung

Jetzt schließen Sie die Augen, wiederholen Sie die Worte immer noch und achten Sie dabei nur auf Ihren Bauch. Welche Gefühlsregung können Sie bei sich ausmachen? Tun Sie es bitte jetzt!

Dann lesen Sie die nachfolgenden drei Verben ebenfalls so oft, bis Sie sie auswendig können:

Weggehen, helfen, handeln.

Schließen Sie wieder die Augen, wiederholen sie die Worte weiter und achten Sie dabei ebenfalls nur auf Ihren Bauch. Welche Gefühlsregung können Sie diesmal bei sich ausmachen?

Vergleichen Sie jetzt direkt hintereinander nur Ihr Bauchgefühl bei den beiden Wortgruppen. Sie werden feststellen: Die Hauptworte haben bei Ihnen im Normalfall viel weniger ausgelöst als die Verben.

Die Sprache der modernen Rhetorik besteht nicht aus Sätzen mit Hauptworten, sie besteht aus Sätzen mit Verben. Bei öffentlichen Reden hören Sie oft Sätze wie: „Die Zielsetzung besteht in der Bündelung aller PR-Aktivitäten."

Das ist das Gegenteil von Bildersprache! In der Bildersprache heißt es kürzer und anschaulicher: „Unser Ziel: Die PR-Aktivität muss gebündelt werden." Der Satz wurde in zwei Sätze mit Doppelpunkt aufgeteilt. Aus der „Bündelung" wird „bündeln". Das ist viel emotionaler.

Ersetzen Sie jeden Fachbegriff durch einen bildhaften Ausdruck.

Ich weiß, viele Menschen haben Mühe, sich von ihren Fachbegriffen zu trennen. Folgendes Argument höre ich immer wieder in meinen Seminaren: „Das ist ein Fachpublikum, bei uns wird immer so geredet. Die kennen diese Ausdrücke. Die wollen das so hören." Ich wag es mal, ein großes Fragezeichen hinter diese Aussage zu setzen. Wollen die das wirklich so hören? Die meisten Redner stellen sich das nur so vor, haben es aber in Realität noch niemals anders versucht.

Ich gebe Ihnen ein Beispiel: Nehmen wir an, Sie halten einen Vortrag vor Kaufleuten. Jeder, der kaufmännisch ausgebildet ist, weiß, was Debitoren und Kreditoren sind. Achten Sie nun bitte nur auf Ihren Bauch, welche Wirkung der folgende Satz bei Ihnen auslöst (gerade, wenn Sie tatsächlich Kaufmann sind):

> „Damit eine Firma funktioniert, müssen Sie nur eins beachten: Die Rechnungen, wo Sie Geld bekommen, müssen höher sein, als die Rechnungen, wo Sie Geld zahlen müssen."

Und jetzt achten Sie auch bei diesem Satz nur auf Ihren Bauch:

> „Damit eine Firma funktioniert, müssen Sie nur eins beachten: Die Debitorenrechnungen müssen höher sein als die Kreditorenrechnungen".

Na klar, ein Kaufmann versteht auch den zweiten Beipielsatz perfekt. Aber selbst für einen Kaufmann hat der erste Satz einfach mehr Emotionalgehalt und mehr Wirkung. Auch wenn „Debitoren" und „Kreditoren" zu seinem Fachvokabular gehört, mit dem er täglich um sich wirft.

Wenn Sie Arzt sind und einen Vortrag bei einem Ärztekongress halten, so können Sie natürlich Folgendes sagen: „Der Patient litt an einem Myokardinfarkt".

Gut, das versteht jeder Arzt. Aber Sie können sicher sein: Ein Arzt würde es auch verstehen, wenn Sie sagen würden: „Der Patient hatte eine Herzattacke".

Das Problem mit Fachbegriffen ist Folgendes: Auch wenn der Zuhörer diese Ausdrücke im Schlaf beherrscht, er braucht immer noch ein kleines Stückchen Übersetzungsenergie, um einen „Myokardinfarkt" in etwas Anschauliches für sein Unterbewusstsein zu übersetzen. Und mit jedem weiteren Begriff fordern Sie wieder Energie, Energie, Energie. Bis es dem über dem Wasser liegenden Logikteil zu mühsam wird und er einfach abschaltet. Die Gedanken wandern dann selbstständig zu irgendetwas Anschaulichem. Zum Urlaub, zum Feierabend oder zum nächsten Golfspiel. Jedenfalls ist der Zuhörer weg von Ihrer Rede. Die Bildersprache, die Sie im nächsten Kapitel kennen lernen werden, ist eine energielose Sprache. Das heißt: Sie funken ohne notwendige Übersetzungsenergie direkt in das Unterbewusstsein des Zuhörers. Jeder Fachbegriff, den Sie Ihrem Publikum zumuten, erfordert ein Quäntchen Energie, das auch den geneigtesten Zuhörer auf Dauer Stück für Stück einschläfert.

Es gibt eine Ausnahme, wann Sie Fachbegriffe benutzen dürfen, aber nur wenn Sie sie direkt auch bildhaft übersetzen. Lesen Sie dazu das Kapitel „So werden Sie zum Meinungsführer“ auf Seite 93.

Weg mit den Hauptwort-Monstern!

Wie wir bereits erwähnt haben, haben Hauptworte keinen so hohen Emotionalgehalt wie die dazugehörigen Verben (Ausnahmen bilden bildhafte Worte wie Baum, Sonne, Stuhl … usw.). Jetzt gibt es noch eine Steigerung des Sündenfalls: alle Worte, die mit -ung, -heit, -keit, -nis oder -ion enden. Sie landen nur im Logikteil und müssen mit sehr viel Energieaufwand mühsam in ein Bild übersetzt werden. *Einfachheit, Verabschiedung, Arbeitslosigkeit, Kommunikation, Kostenersparnis, Preis-Leistungs-Verhältnis, Flexibilität, Kundenzufriedenheit, Arbeitsplatzsicherung, Restrukturierungsmaßnahme, Arbeitslosenförderung* … usw. Man könnte diese Liste beliebig fortsetzen. Die meisten Zuhörer machen sich leider nicht die

Mühe, diese Begriffe in etwas Anschauliches zu übersetzen. Also bleiben sie unübersetzt im Logikteil des Hirn kleben. Sie haben wenig Chancen, Menschen mit dieser Art Worte zu überzeugen.

Mir ist eines Tages ein Rhetorik-Lehrvideo untergekommen. In diesem Video hält ein Schauspieler eine Modell-Rede vor einem Firmengremium. Hier einige Zitate daraus:

> „Durch den hohen technischen Standard … gilt es, die Vernetzung der Einzelmaßnahmen zu Einzelkonzepten zu fördern … was eine wichtige zu kommunizierende Aufgabe ist. … Die Erstellung der von Ihnen gewünschten Broschüre … sowie die Verstärkung der Pressearbeit … von deren Wirksamkeit wir aber überzeugt sind …“ usw., usw.

Wahnsinn! Dies war jetzt nicht etwa als abschreckendes Beispiel einer Rede gedacht, sondern im Gegenteil! Der Autor dieses Lernvideos ging ernsthaft davon aus, dass man heute so reden solle. Soweit ich mich erinnere, ging es im besagten Redebeipiel darum, dass eine Werbeagentur den Auftrag für eine Werbekampagne dieser Firma bekommen wollte. Wenn jemand mit so einer Präsentation kommt, müssen Sie als Firma schon selbstquälerisch veranlagt sein, demjenigen auch nur seine Reisekosten zu erstatten, geschweige denn ihm einen Auftrag für eine Werbekampagne zu geben!

Weg mit den Mode-Worthülsen!

Stellen Sie sich vor: Sie sind zu Hause in Ihrer Wohnung. Plötzlich klingelt es an der Haustüre. Sie machen auf. Draußen steht ein Herr im Zweireiher-Anzug und sauber gescheitelter Frisur. In seiner rechten Hand eine Lederaktentasche. Der Herr spricht folgenden Satz zu Ihnen:

> „Guten Tag. Darf ich Sie auf die innovative Produktpalette eines zukunftsorientierten Unternehmens aufmerksam machen?"

Wie wäre es bei Ihnen um die Lust bestellt, diesen Herrn herein zu bitten? Wenn Sie wie die Mehrheit der Menschen veranlagt sind, liegt die Lust bei Null. Das ist unglaubhaftes Werbeblabla: *„innovativ, zukunftsorientiert, dynamisch"*. Das glaubt doch keiner! Warum denken eigentlich so viele Redner, wenn Sie solche Werbeausdrücke in den Mund nehmen, dass die Menschen Ihnen vor Verzückung um den Hals fallen? Das geht ins rechte Ohr rein und fliegt ohne Nachhall aus dem linken Ohr wieder heraus.

Bitte trennen Sie sich von diesen modischen Worthülsen, die man zwar überall hören kann, die aber bei niemandem etwas auslösen.

Teamorientiert, kommunizieren, dynamisch, zukunftsorientiert, innovativ, Kernkompetenz, modifizieren, effektiv, flexibel, effizient, optimal, speditiv, prozessorientiert, professionell … usw. Das wirkt nicht einmal in einer Werbebroschüre, geschweige denn in der gesprochenen Sprache.

Beachten Sie für wirksame Reden folgenden Grundsatz:

Vermeiden Sie vage Ausdrücke und „Weichmacher"!

> „… Im Prinzip denke ich, das wäre vielleicht nicht so gut. Ich würde das eher an den Schluss setzen, weil ich es eigentlich sinnvoller fände, die Sponsorengelder noch zu beantragen."

Diese Passage hat weder Klarheit noch Verbindlichkeit. Nach der modernen Rhetorik müssen Redner Klarheit und Präzision in ihren Aussagen haben. Der obige Satz muss dann in etwa so klingen: „Das ist falsch. Das muss an den Schluss. Wir brauchen die Sponsorengelder."

Im ersten Satz ist eine Fülle von so genannten „Weichmachern" enthalten: *eigentlich, ich finde, im Prinzip, ich würde, ich denke, das wäre vielleicht* – unsere Sprache ist voll von solchen Unverbindlichkeiten. Von denen müssen Sie sich trennen, denn diese Sprache verrät Unsicherheit und unklare Linien. Wir überzeugen nur, wenn wir glasklare Botschaften haben.

Josef Estermann, Oberbürgermeister von Zürich bei einer Ansprache, einen Tag nach der gewonnenen Wahl zum Stadtpräsidenten:

> „Ich *möchte danken* für den großartigen Erfolg …". „Ich *möchte hoffen*, dass wir mit neuer Power drauf losarbeiten in den nächsten vier Jahren …".[3]

Warum *möchte* er nur danken und dankt nicht einfach, warum *hofft* er nur, nein, nicht einmal das traut er sich, er *möchte* nur hoffen! Weichmacher, Weichmacher, Weichmacher. Überprüfen Sie, wie es klingt, wenn er die Weichmacher einfach weggelassen hätte:

> „Danke für den großartigen Erfolg …". „Wir werden mit neuer Power drauf losarbeiten in den nächsten vier Jahren …".

Weniger Worte und eine viel klarere, wirksamere, eindringlichere Botschaft!

Hier ein Ausschnitt aus einer Rede eines Teilnehmers aus meinem Rhetorikseminar: „… Ich war 15 Jahre in einer Fassnachtsmusikgruppe und bin jetzt eigentlich nicht mehr dabei …“.

Meine regelmäßige Zwischenfrage bei so einer Passage lautet: „Sind Sie wirklich nicht mehr dabei oder nur eigentlich?“ Das Wort „eigentlich“ ist meiner Erfahrung nach der Hitparaden-Erste unter den Weichmachern. Sehr viele Menschen garnieren ihre Aussagen mit diesem Ausdruck und entwerten damit ihre Botschaft. Die Zuhörer wollen einen Redner, der weiß, wo es langgeht und nicht einen, der es nur „eigentlich“ weiß.

Falls Sie auch häufig das Wort „eigentlich“ benutzen, so schlage ich Ihnen eine heilsame Kur vor: Machen Sie einen Deal mit einem Kollegen oder einer Kollegin. Jedes Mal, wenn er oder sie Sie dabei ertappt, dass Sie das Wort *eigentlich* benutzen, muss er/sie mit dem Finger schnippen. Am Ende des Tages bekommt der Kollege oder die Kollegin dann für jedes Schnippen fünf Mark von Ihnen. Wichtig ist aber, dass Sie unmittelbar akustisch aufmerksam gemacht werden. Ansonsten lernt Ihr Hirn schlechter. Das ist wie bei einem Hund: Den müssen Sie auch unmittelbar aufmerksam machen, wenn er etwas falsch gemacht hat. Schon eine Minute später nützt es nichts mehr.

Vielleicht, ein bisschen, etwas, einige, es gibt, und so weiter, eigentlich, ich würde gerne – das alles sind Weichmacher, die Ihre Aussage entwerten. Sie müssen klare, eindeutige Botschaften liefern, damit auch auf einer unterbewussten Ebene wahrgenommen wird: „Da weiß einer, wovon er spricht. Da hat jemand klare Vorstellungen. Dem will ich folgen.“

Hier noch vier Beispiele von Weichmacheraussagen. Bitte fügen Sie in die darunter liegende Zeile jeweils eine optimierte korrigierte Version ein.

Ich würde Ihnen das gerne etwas näher bringen.

Das könnten wir vielleicht anders machen.

Die Maschine hat ein bisschen Probleme.

Wir sind eigentlich eine gute Firma.

Lösungsvorschläge:

Ich bringe Ihnen das näher.
Das können wir anders machen.
Die Maschine hat Probleme.
Wir sind eine gute Firma.

Die reine Bildersprache – Reden mit Zuhörzwang

Es gibt kaum einen Rhetoriktrainer, kaum einen Rhetorikbuchautor, der nicht vehement dafür eintritt, wie wichtig es ist, einfach, anschaulich und bildhaft zu reden. Das Problem ist, dass dieselben Leute es weder in ihren Büchern noch in ihren Präsentationen selbst schaffen, sich daran zu halten. Überprüfen Sie das mal wirklich bei nahmhaften Rhetorik- oder Dialektiktrainern. Es ist ein Drama! Kaum ein Trainer oder Autor weiß wirklich, wie er technisch vorgehen muss, um in Bildern zu reden. Hier will ich Hilfe bieten.

Mit der reinen, puren Bildersprache lösen Sie den *Zuhörzwang* aus. Das Publikum klebt Ihnen dabei förmlich an den Lippen. Das funktioniert deshalb, weil Sie mit jedem Satz ein Bild auslösen. Und dieses Bild landet direkt im Unterbewusstsein, ohne vorher über die Eisbergspitze der Logik gehen zu müssen.

Hier ein Beispielsatz:

> Ich sitze im Boot. Eine Frau mir gegenüber. Ich rudere. Plötzlich ein Krokodil …

Bei der Bildersprache wird fast mit jedem Satz ein Bild ausgelöst. Schauen wir uns noch mal die Geschichte von soeben an: *Ich sitze im Boot.* [Bild] *Eine Frau mir gegenüber.* [Bild] *Ich rudere.* [Bild] *Plötzlich ein Krokodil …* [Bild].

Auch hier orientieren wir uns an der TV-Werbung oder an Filmen. Achten Sie einmal darauf! Sie werden kaum eine

Werbung im Fernsehen sehen, in der ein Bild länger als zwei Sekunden stehen bleibt. Wir haben heutzutage eine unwahrscheinlich schnelle Abfolge von Bildschnitten sowohl bei Filmen als auch bei der Werbung. Dasselbe machen wir mit unserer Sprache nach. Es ist tatsächlich so: Die Spannung wird vergrößert, je mehr Einzelbilder Sie sprachlich liefern.

Hier ein Beispielsatz:

> Letzte Woche legte mir meine Mutter zu Weihnachten heimlich ein rotes Päckchen vor die Zimmertüre.

Dies ist ein Satz, der sich prima lesen lässt. Jetzt stellen Sie sich vor, die folgenden Sätze wären frei gesprochen. Beobachten Sie dabei, wie der ganze Satz in Einzelbilder aufgeteilt wird und wie sich dabei die Spannung erhöht:

> „Letzte Woche. Weihnachten. Ich gehe vor meine Zimmertür. Ich schaue auf den Boden: ein rotes Päckchen. Ich reiße es auf. Schaue hinein. Ich lächle: von meiner Mutter“.

Der vorangehende Satz wurde hier in neun Einzelsätze und Einzelbilder aufgesplittet. Das ist Bildersprache.

Die Bildersprache kennt nur kurze, drastisch einfache Sätze.

Ein guter Satz ist kaum länger als acht Worte. Bei jedem Satz, der länger ist, können Sie überlegen, ob man ihn nicht durch einen Punkt oder einen Doppelpunkt in mehrere Sätze aufteilen kann.

Die Bildersprache kann nur das vermitteln, was auch ein Film in Bildern vermitteln kann.

Stellen Sie sich vor, Sie würden einen Kinofilm sehen. Neben Ihnen sitzt ein blinder Freund. Sie erzählen ihm parallel die Handlung des Films, so dass er ihn mit verfolgen kann. Jetzt sind Sie automatisch in der reinen, puren Bildersprache. Alles was ein Regisseur nicht in Bildern ausdrücken kann, fliegt aus der Sprache heraus. Mit diesem Grundsatz fällt beispielsweise das Wort „weil" aus der Bildersprache heraus. Schauen Sie folgenden Beispielsatz an: „Weil er keinen Durst mehr hat, reicht er das Glas weiter". Wie will das ein Regisseur in Bildern ausdrücken? Alles was Sie in der Bildersprache sagen können, ist: „Er bekommt das Glas. Er schüttelt den Kopf. Er reicht das Glas weiter."

Die Bildersprache kennt nur die Gegenwart.

In der Bildersprache reden Sie immer in der Gegenwart, nie in der Vergangenheit, nie in der Zukunft, nie im Konditional.

Was tun wir aber konkret, wenn eine Geschichte nun mal in der Vergangenheit passiert ist? Wie soll beispielsweise folgender Satz in die Gegenwart transponiert werden: „Vor zwei Jahren stand ich vor der Entscheidung: Gehe ich studieren oder mache ich eine Weltreise …". Es ist ganz einfach: Sie machen zwei Sätze daraus und sagen: „Vor zwei Jahren. Ich stehe vor der Entscheidung: Gehe ich studieren oder mache ich eine Weltreise …" Wenn etwas in der Vergangenheit passiert ist, machen Sie ganz einfach einen kurzen Einleitungssatz, der die Zeit angibt, in der es stattfindet, und dann fahren Sie in Gegenwartsform fort. Zum Beispiel: „Heute Morgen. Ich stehe vor dem Badezimmerspiegel ...“ oder „1998. Ich stehe vor dem Badezimmerspiegel ...“ oder „Vor zwei Jahren. Ich stehe vor dem Badezimmerspiegel ...“

Folgende Aussagen sind in der Bildersprache nicht möglich: „Wir werden den Markt erobern.“ Das ist Zukunftsform. In der Bildersprache muss es heißen: „Wir erobern den Markt.“ Spüren Sie auch, dass diese Aussage mehr Kraft hat? Wer in der Zukunftsform formuliert, der glaubt nicht so an seine Aussage wie der, der in der Gegenwart formuliert.

„Wir würden gerne kommen, wenn Sie die Rahmenbedingungen anpassen.“ Das ist Konditionalform. In der Bildersprache heißt das: „Wir kommen gerne. Passen Sie nur die Rahmenbedingungen an.“

„Ich würde Ihnen das gerne erklären.“ Lassen Sie das „würde“ weg. Sagen Sie viel einfacher: „Ich erkläre es Ihnen.“

Die Bildersprache kennt keine Nebensätze.

Alle Relativsätze können zu einzelnen Sätzen auseinander gezogen werden: „Ich fahre auf einer Straße, die eine Rechtskurve macht.“ Dies kann auseinander gezogen werden zu: „Ich fahre auf einer Straße. Plötzlich eine Rechtskurve.“

Bei Dass-Sätzen können Sie einen Doppelpunkt machen: „Wenn wir mehr in die Werbung investieren bedeutet das, dass wir mehr Aufträge bekommen.“ In Bildersprache: „Wenn wir mehr in die Werbung investieren, bedeutet das: Wir bekommen mehr Aufträge.“

Auch bei „Ob-Sätzen" machen Sie einen Doppelpunkt: „Ich stehe vor dem Entschluss, ob ich heiraten soll, oder ob ich alleine bleiben will". In Bildersprache: „Ich stehe vor dem Entschluss: heirate ich, oder will ich alleine bleiben".

Die Bildersprache kennt kein „und".

Das mag manchem ein wenig übertrieben erscheinen, aber das „und" kann man fast immer durch einen Punkt ersetzen. Machen Sie zwei Sätze daraus!

„Die neue Aufgabe stellt eine Herausforderung dar und wir werden versuchen sie zu lösen." In Bildersprache: „Die neue Aufgabe ist eine Herausforderung. Wir lösen sie".

„Dann komme ich nach Hause und das Problem ist gelöst." In Bildersprache: „Ich komme nach Hause. Das Problem ist gelöst."

Die Bildersprache kennt keine Adverbien, Konjunktionen usw. wie „immer, also, dann..."

Alles, was kommentierend ist, kann in der Bildersprache wegfallen. Denken Sie immer an einen Regisseur, der einen Kinofilm macht. Was er nicht bildhaft umsetzen kann, ist überflüssig und kann wegfallen. Zum Beispiel der Satz: „Ein außergewöhnlich milder Winter". Ein Regisseur kann das „außergewöhnlich" in Bildern nicht ausdrücken. In Bildersprache heißt es deshalb nur: „Ein milder Winter."

„Wie immer hole ich am Morgen ein Glas Milch aus dem Kühlschrank." Auch bei diesem Satz: Wie kann ein Regisseur den Ausdruck „wie immer“ in einem Film in Bildern zeigen? Das ist kommentierend, das nimmt Spannung heraus, das kann weggelassen werden. In Bildersprache heißt es: „Es ist Morgen. Ich gehe zum Kühlschrank. Ich hole ein Glas Milch heraus“.

„Er findet seinen Schlüssel nicht. Also muss er beim Nachbarn klingeln.“ Ein Regisseur kann das Wort „also“ in Bildern nicht ausdrücken. Deshalb heißt es in Bildersprache: „Er findet seinen Schlüssel nicht. Er muss beim Nachbarn klingeln.“

„Rita macht ihre Hausaufgaben, dann telefoniert sie mit ihrer Freundin.“ Das „dann“ ist ein Bindewort. Es kann ersatzlos wegfallen. „Rita macht ihre Hausaufgaben. Sie ist fertig. Sie telefoniert mit ihrer Freundin.“

Die Bildersprache kennt nur die wörtliche Rede.

Prinzipiell klingt die wörtliche Rede viel anschaulicher als die indirekte Rede. „Er sagt, dass er keinen Hunger habe.“ In der Bildersprache gibt es das nicht. Im Film, da sprechen die Menschen, oder sie sprechen eben nicht. Da gibt es nur die wörtliche Rede. Daher muss es heißen: „Er sagt: Ich habe keinen Hunger.“

„Er konnte mich überzeugen, zu Bizerba zu kommen“. Muss in der Bildersprache heißen: „Er sagt zu mir: ‚Komm doch zu Bizerba‘. Ich sage spontan: ‚Ja‘.“

Die Bildersprache ist der Sirup der Sprache: das Reduzierteste, was an Sprache möglich ist. Da ist alles schmückende Beiwerk weggelassen. Mit dieser Sprache gelingt es Ihnen, bei den Menschen den Zuhörzwang auszulösen. Denn damit funken Sie direkt ins Unterbewusstsein unter Umgehung des Logikteils. Dabei ist nicht die Geschichte entscheidend, die Sie erzählen, sondern einzig und allein die Sprache, mit der Sie sie erzählen.

Damit Sie nun einordnen können, wann und wo Sie die Bildersprache einsetzen können, folgende Übersicht:

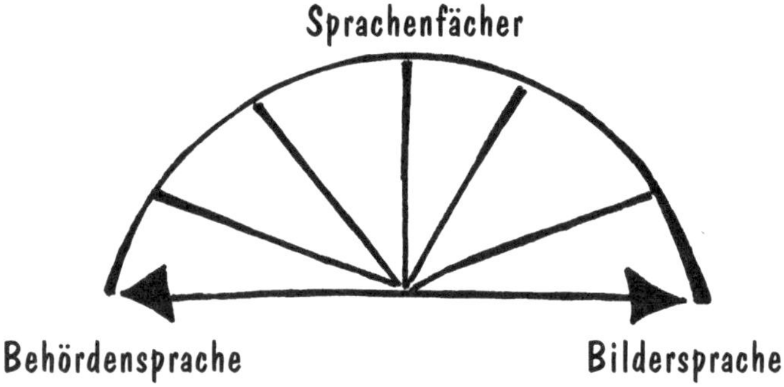

Dies ist der Sprachenfächer mit all seinen einzelnen Fächern, was an Sprache möglich ist.

Am rechten Ende des Sprachenfächers befindet sich die Bildersprache und im anderen Extrem die Behördensprache. Dazwischen gibt es alle Abstufungen von Sprache. Ziel ist es jetzt nicht, sich dauernd am einen Ende in der reinen, puren Bildersprache aufzuhalten. Sie bauen aber in Ihre Rede ein oder zwei Passagen in Bildersprache ein. Damit haben Sie die Möglichkeit, zu jedem Zeitpunkt das Publikum auf Aufmerksamkeit 100 zu bringen. Für den Rest der Rede ist das Ziel, sich in der rechten Hälfte des Fächers zu bewegen. Das heißt, dass Sie möglichst anschaulich und einfach reden sollten. Sie können ruhig in der Vergangenheit reden, Relativsätze gebrauchen, Sätze mit mehr als acht Worten… usw. Aber was Sie vermeiden sollten, ist, während Ihrer Rede in die linke Hälfte des Sprachenfächers zu fallen. Dort lässt die Eisbergspitze mit „dymamisch, innovativ, flexibel“ grüßen.

Ich habe Ihnen die Bildersprache deshalb so intensiv und ausführlich vorgestellt, damit Sie sie wirklich ganz genau kennen und ihre Funktion verstehen. Nicht „ein bisschen“, nicht „ungefähr so“, nicht „schon fast richtig“, sondern haargenau.

Zum Abschluss noch ein Beispiel, wie eine Botschaft in Behördensprache klingen kann, und dann, wie sie in Bildersprache klingen könnte.

In Behördensprache:

> Der Regensensor erkennt über eine Änderung der Totalreflexion bei Benetzung der Frontscheibe die Notwendigkeit des Wischens und steuert so die Wischeranlage vom langsamen Intervallwischen bis zum Dauerwischen. Die Empfindlichkeit ist über das vierstufige Potentiometer am Lenkstockschalter individuell einstellbar.

In Bildersprache:

> Der Regensensor erkennt ob’s regnet – er macht den Scheibenwischer an. Der erkennt wie viel’s regnet – er macht den Scheibenwischer schneller. Das Ganze können Sie noch von innen einstellen!

Kanalisieren Sie die Handlungsenergie der Zuhörer

Ein Problem vieler Redner ist, dass sie eine tolle Rede gehalten haben, die Menschen großartig von ihrem Anliegen begeistert haben, gute Argumente gebracht haben, anschaulich gewesen sind… – aber trotzdem passiert nichts. Denn am Schluss haben sie dem Publikum nicht gesagt, was es jetzt konkret tun muss. Wenn Sie beispielsweise eine Rede halten, in der Sie dafür kämpfen, dass in Ihrer Firma ein Fitnessraum installiert wird, so reicht es nicht, die Vorteile aufzuzeigen und dann mit dem Satz abzuschließen „So ein Fitnessraum bringt allen große Vorteile, die Kosten halten sich im Rahmen, die Firma sollte Ihren Mitarbeitern diese Wohltat gönnen".

Tja, denkt sich die Firmenleitung. Klingt ganz gut. Irgendwann könnten wir vielleicht an so was denken. Schon einen Tag später aber ist die ganze potenzielle Handlungsenergie, die in dem Moment geherrscht hat, um die Hälfte verflogen. Die Handlungsenergie müssen Sie sofort in konkrete Taten umwandeln. So wird es leider selten gemacht. Ein wichtiger Grundsatz für Überzeugungsreden lautet:

Sie müssen dem Publikum konkret sagen, was es tun soll, was es vorher noch nicht getan hat.

Sie müssen Ihr Anliegen trichterhaft in eine konkrete Handlungsaufforderung, meist am Schluss Ihrer Rede, kanalisieren. Die einfachste Art ist, eine Abstimmung machen zu lassen. „Wer für mein Anliegen ist, hebe bitte die Hand!“ Wir gehen davon aus, dass das Publikum von unserem Anliegen überzeugt ist, und geben jetzt einen Ausblick, der eine Handlung beinhaltet. Sie könnten auch beispielsweise sagen:

> „Der Fitnessraum ist zum Wohle aller. Wir haben bereits von unserem Bauunternehmer einen Kostenvoranschlag machen lassen. Sobald der vorliegt, beraumen wir eine zweite Sitzung an, in der es dann zur Abstimmung kommt. Wir informieren Sie, sobald der Termin steht.“

Jetzt ist es konkret, jetzt ist die Energie, die während der Rede aufgebaut wurde, in eine Bahn kanalisiert worden, die ein Handeln wahrscheinlich macht.

Wenn Sie möchten, dass sich die Leute mehr für den Umweltschutz engagieren, dann weisen Sie am Schluss konkret auf die am Eingang ausliegenden Bestellformulare hin, mit denen man Mülltonnen für getrennte Entsorgung bestellen kann. Oder lassen Sie gleich ein Papier zur Unterschriftensammlung herumgehen, um eine Umweltschutzmaßnahme zu unterstützen.

Wenn Sie über gesunde Ernährung referieren, so geben Sie die Telefonnummer einer Ernährungsberaterin bekannt oder sammeln Sie danach gleich die Visitenkärtchen der Zuhörer ein, um ihnen Informationsmaterial für Ernährungskurse zuzuschicken. Oder noch besser: Sie lassen gleich die Einschreibeformulare für das Seminar durch die Reihen gehen.

Eine ehemalige Teilnehmerin meines Rhetorikseminars war Leiterin des Freizeitclubs in ihrer Firma. Ihr Interesse war natürlich, möglichst viele Mitglieder zu gewinnen.

Sie veranstaltete immer Informationsnachmittage für interessierte Mitarbeiter. Früher schloss sie ihre Rede mit der Aufforderung ab:

> „Sie haben an unseren Aktivitäten gesehen: Wir sind anders als andere Clubs. Wenn Sie Mitglied in unserem Club werden wollen, stehe ich gerne für weitere Fragen zur Verfügung. Danke."

Daraufhin meldeten sich dann ein bis zwei Prozent der Anwesenden an. Das Problem bei so einem Schlusssatz war, dass die aufgebaute Handlungsenergie, die direkt nach der Rede herrschte, nicht genutzt wurde.

Nun gestaltete sie ihr Ende um. Neu lautete Ihr Schlusssatz folgendermaßen:

> „Ich kann Ihnen beweisen, dass wir anders als andere Clubs sind. Greifen Sie jetzt bitte alle mal unter Ihren Stuhl an die Sitzfläche … Nehmen Sie hervor, was Sie da ergreifen."

Die Leute tasteten vorsichtig unter ihre Sitzflächen und alle zogen ein Briefkuvert hervor. Neugierig rissen sie das Couvert auf und plötzlich war ein Lächeln auf allen Gesichtern zu sehen. Unter jedem Stuhl hatte sie Briefkuverts geklebt, in denen die Anmeldeformulare für den Beitritt in den Club steckten. Erst jetzt erklärte sie:

> „Das ist die Beitrittserklärung zum Club. Ich lasse Ihnen jetzt noch zwei Minuten Zeit zum Ausfüllen, dann laufe ich durch die Reihen und sammle sie ein."

Mit diesem Schluss war die Erfolgsquote auf 20 Prozent (!) gestiegen. Das ist zehnmal so viel wie mit der vorhergehenden Version. Sie hatte spannend und ideenreich die Handlungsenergie nach der Rede in konkretes Handeln umgewandelt.

Der Sündenfall: Folien

Die Beliebtheit von Folien hat ja seit neuestem eine Steigerung erfahren. Jetzt gibt es ja diese tollen Computeranimationsprogramme, mit denen Texte und Grafiken bewegt auf dem Bildschirm eingeblendet werden können. Da kommt Ihr Text: „Budget fürs nächste Jahr“ wie von Geisterhand von links nach rechts auf den Bildschirm eingeschwebt. Oder eine Grafik dreht sich da auf Knopfdruck um die eigene Achse. Diese Programme heißen zum Beispiel Powerpoint, CorelDraw oder ABC GraphicsSuite. Man gestaltet damit alle Folien am Computer zu Hause, bestimmt die Reihenfolge und nimmt dann den Laptop mit zur Präsentation. Bei der Präsentation werden die Bilder dann über einen so genannten Beamer per Knopfdruck an die Leinwand geworfen. Viele meinen, mit diesen High-Tech-Mitteln würden sie die ultimative Präsentation schlechthin halten. Aber …

Menschen, nicht technische Hilfsmittel überzeugen.

Zunächst einmal möchte ich mit einem großen Irrtum aufräumen. Der Irrtum lautet: Der Einsatz von Multimedia verbessert automatisch eine Präsentation. Das Gegenteil ist der Fall. Ob Folien oder Multimedia: Das lenkt von Ihrer Person ab und nimmt die Aufmerksamkeitsenergie von Ihnen weg. Und je mehr Sie von Ihrer Person ablenken, desto weniger wird Ihre Botschaft und Ihr Anliegen wahrgenommen. Dabei ist es völlig egal, ob Sie mit einer Powerpointpräsentation daherkommen oder mit Folien. Der Grundsatz lautet: Weniger ist mehr. Folien sollen eine

Ausnahme sein. Aber leider ist das Gegenteil die Norm: Präsentationen heutzutage sind Folienschwemmen, wo eine überfrachtete Text-Folie nach der anderen hingeklatscht wird.

Im Folgenden spreche ich von Folien, meine aber gleichzeitig auch die PC-gesteuerten Bildschirmanimationen. Die Grundprinzipien bleiben die gleichen.

Text, der auf der Folie steht, darf nicht mehr gelesen werden.

Ich war einmal bei einer Präsentation dabei, bei der eine neue Firma gegründet wurde. Der Firmeninhaber selbst hielt die Präsentation. Sie war „professionell" mit Powerpoint gestaltet. Als Firmenemblem hatte diese Firma den Baum gewählt. Jetzt kam die Passage, wo er dies begründete. Er sagte: „Unsere Firma hat als Emblem den Baum gewählt." Klicks, der erste Text schwebte von links nach rechts auf den Bildschim. Jedermann konnte lesen „Der Baum steht für: …" Der Firmeninhaber las danach laut vernehmlich die Worte vor: „Der Baum steht für". Dann – Knopfdruck – der nächste Text schwebte von links nach rechts auf den Bildschim. „Festigkeit". Der Redner wiederholte mit fester Stimme: „Festigkeit". Klicks, der nächste Text: Alle lasen „Dauerhaftigkeit". Der Redner wiederholte brav: „Dauerhaftigkeit". Klicks, nächste Zeile: Alle lesen „Wachstum". Der Redner liest vor „Wachstum" und endlich – klicks – „Stärke". Der Redner spricht noch mal aus, was alle schon längst gelesen haben, und sagt das spannende Wort „Stärke". Sie müssten dieses Szenario wirklich miterlebt haben, um im tiefsten Innern zu erkennen, dass es einschläfernder nicht mehr geht.

Text, der auf der Folie steht, darf nicht mehr gelesen werden. Das ist ein Prinzip, das sich auch durch die TV-Werbung hindurchzieht. Sie sehen fast nie einen Werbeclip, in dem der eingeblendete Text noch einmal vom Sprecher wiederholt wird. Entweder gesprochenes Wort oder geschriebener Text. Nie beides gleichzeitig!

Aber 90 Prozent aller Folienleger lesen noch einmal brav vor, was sie schon auf Folie geschrieben haben. Wenn die Wirkung denn dabei nur gegen Null gehen würde, wäre es ja noch gut – aber nein, so eine Folienanwendung geht ins Minus: Sie nimmt komplett die Spannung aus Ihren Aussagen.

Text auf Folie, der noch einmal gesprochen wird, wäre dasselbe, wie wenn Sie Ihren Zuhörern ein Buch verteilen würden, und dann sagen: „Schlagt mal alle Seite 15 auf." Und dann lesen Sie als Referent Seite 15 vor und alle lesen mit. Das ist öde, langweilig und einschläfernd! Der einzige Unterschied ist: Bei der Folie ist der Text für alle sichtbar an die Wand geworfen. Die Wirkung ist die selbe.

Sie entwerten eine Aussage, wenn Sie sie gleichzeitig auf Folie zeigen.

Sie verhindern dadurch, dass die Menschen emotional berührt werden.

Anders sieht es allerdings aus, wenn Sie zu einem Stichwort, das auf der Folie steht, noch eine Menge freien Text sprechen. Dann ist die Wirkung komplett anders.

Gehen wir noch einmal zurück zu unserer Baum-Präsentation: Da erscheint beispielsweise auf Folie der Text

„Wachstum“, und jetzt wiederholen Sie nicht nur das Wort „Wachstum“, sondern führen aus:

> „Der Baum steht für Wachstum. Wachstum bedeutet für uns: Wir streben in den ersten fünf Jahren ein Umsatzwachstum von jährlich mindestens 25 Prozent an. Danach wollen wir weitere fünf Jahre mit mindestens 10 Prozent jährlich weiterwachsen. Von heute zwölf Angestellten werden wir bereits nächstes Jahr auf 20 sein. *[nächste Folie „Stärke“ einblenden]* Der Baum steht für Stärke. Stärke bedeutet für uns … .“ usw.

Der große Unterschied zur vorhergehenden Version liegt darin, dass nicht nur das eingeblendete Wort vorgelesen wurde, sondern dass es nur Anlass für weitere, frei gesprochene Ausführungen ist.

Der Irrtum mit dem zusätzlichen Sinneskanal

Es gibt Rhetoriktrainer, die sagen, wenn man noch zusätzlich sieht, was man spricht, wird ein zusätzlicher Sinneskanal angesprochen, und das Gehörte bleibt besser haften. Das ist nur scheinbar richtig. Der zusätzliche Sinneskanal wäre hier das Auge. Aber nicht der Sinneskanal ist wichtig, sondern die Verarbeitung im Gehirn. Ihr Hirn hat eine rechte und eine linke Hirnhälfte. In der linken Hirnhälfte wird analytisch und logisch verarbeitet und in der rechten Hirnhälfte verarbeiten Sie bildhaft und gefühlsmäßig. Links müssen Sie Energie aufwenden, rechts verarbeiten Sie energielos. Das Problem ist: Textfolien sprechen nur die linke Hirnhälfte an. Das Geschriebene muss erst gelesen werden, also in Buchstaben zerlegt. Diese bestehen aus Halbkreisen und Strichen. Das hat für Ihr Hirn erst einmal keine Bedeutung. Die Halbkreise und Striche müssen Sie analytisch zu einer Bedeutung umsetzen. Das kostet Energie. Das Auge arbeitet nur dann als zusätzlicher Sinneskanal energielos, wenn Sie ein Piktogramm, ein Symbol oder eine Zeichnung auflegen. Das wird in der rechten Gehirnhälfte verarbeitet. Damit haben Sie etwas gewonnen.

Eine Folie, die sich selbst erklärt, ist eine schlechte Folie

Eine Folie braucht immer den Redner. Damit erübrigen sich alle Textfolien, auf denen komplette Aussagen stehen. Eine Aussage auf einer Folie darf erst durch die Worte des Referenten entstehen. Wenn Sie beispielsweise eine Folienbotschaft haben, auf der steht: „Von all dem, was Sie lesen, bleiben Ihnen nur 10 Prozent“, so ist das untauglich als Folienbotschaft und hat eine mäßige Wirkung. Besser ist es, wenn auf der Folie die Botschaft steht: „Lesen 10 Prozent“. Erst durch den Redner bekommt das einen Sinn. Das heißt, er *spricht* dann dazu: „Von all dem, was Sie lesen, bleiben Ihnen nur 10 Prozent“. Wenn Sie die Botschaft „Lesen 10 Prozent“ beispielsweise auf einer Plakatwand sehen würden, wüssten Sie erst einmal nicht, was das zu bedeuten hat. Es könnte zum Beispiel heißen: „Nur 10 Prozent der Deutschen können lesen“ oder „Beim Lesen haben Sie 10 Prozent mehr Vergnügen als beim Fernsehen“ oder was auch immer. Erst durch die erklärenden Worte des Redners gewinnt die Text-Aussage eine Bedeutung. Das ist der Trick.

Wenn Sie die Botschaft vermitteln wollen, dass Ihre Firma in Zukunft nur noch eine Beratungsfirma sein wird, so schreiben Sie um Himmels willen nicht folgenden Text auf die Folie: „Unsere Firma wird in Zukunft nur noch eine Beratungsfirma sein." Damit haben Sie Spannung verhindert. Alles was Sie schreiben, ist das Wort „Beratungsfirma". Den Rest sprechen Sie.

Jetzt erahnen Sie vielleicht auch, weshalb Sie keine voll beschrifteten Kuchen- und Balken-Diagramme mehr als Folie auflegen sollten. Denn auch hier verstoßen Sie gegen den Grundsatz: Eine Folie, die sich selbst erklärt, ist eine schlechte Folie.

Gesprochenes Wort zeitgleich mit der Folienbotschaft aussprechen

Der Zeitpunkt, wann Sie den Overheadprojektor mit der Folie anknipsen, ist entscheidend. Viele Rhetoriktrainer legen darauf keinen Wert. Aber genau das sind die Feinheiten, die einen Amateur-Redner von einem Profi unterscheiden. Die Regel dazu lautet: Sie knipsen den Projektor genau dann an, wenn Sie das Schlüsselwort, auf das die Folie Bezug nimmt, aussprechen. Wenn Sie jetzt zum Beispiel eine beeindruckende Fotofolie haben, auf der ein Redner zu sehen ist, der vor einer Menge von 10.000 Menschen spricht, dann planen Sie das Anknipsen dieser Folie genau zu dem Zeitpunkt, wenn Sie beim Sprechen darauf Bezug nehmen. Sie könnten beispielsweise sagen: „Der Redner wusste nicht, wie viele Leute bei dem Kongress erwartet wurden, doch als er in den Saal kam sah er *[jetzt Folie anknipsen]* – Das!" Wow. Jetzt beeindruckt's!

Dasselbe gilt natürlich auch für Textfolien. Nehmen wir noch einmal unser Beispiel: Sie wollen die Botschaft vermitteln, dass Ihre Firma in Zukunft nur noch eine Beratungsfirma sein wird. Als Schlüsselwort schreiben Sie nur: „Beratungsfirma" auf die Folie. Bei ausgeknipstem Overhead-Projektor sprechen Sie: „Wir machen hier 'ne neue Firma draus. Unsere Firma wird in Zukunft nur noch eine *[jetzt Folie anknipsen]* – Beratungsfirma sein." Die Spannung bleibt erhalten, weil das geschriebene Wort zeitgleich mit dem gesprochenen Wort beim Zuhörer landet.

Um auf diese Regel zu kommen, habe ich wie immer alle Versionen selbst ausprobiert und überprüft, welche die größte Wirkung hat. Einmal kam das gesprochene Wort vor dem gezeigten Folientext, ein andermal danach und ein drittes Mal genau zeitgleich. Die Wirkung bei den beiden ersten Versionen war einfach schwächer! Natürlich könnten Sie den Projektor auch etwas zeitversetzt anknipsen, das hat auch eine Wirkung, aber das ist eben der Unterschied zwischen einem Dorfzauberer und David Copperfield. Bei Copperfield stimmt einfach alles. Wenn der einen Hasen aus dem Hut zaubert, kommt der Rimshot nach dem Trommelwirbel nicht etwa ein bisschen vor dem Hasen, auch nicht ein bisschen danach, sondern haargenau zeitgleich.

Eine Botschaft auf einer Folie muss in maximal zwei Sekunden erfasst werden können

Dabei ist es egal, ob Sie ein Bild auflegen oder ein Textfragment zeigen. Mit diesem Grundsatz verbieten sich plötzlich auch alle Cartoons, bei denen ein Männchen etwas zu einem anderem Männchen spricht. Denn das Problem dabei ist: Ein Teilnehmer kann die Botschaft von den hinteren Plätzen gar nicht entziffern, der andere hat den Text nach fünf Sekunden erfasst, der zweite erst nach acht

Sekunden, der dritte hat's schon nach drei Sekunden gelesen, aber kapiert den Witz nicht, und ein anderer ist schlicht zu faul zum Lesen. Sie bringen mit so einer Folie nur die Dynamik Ihres Vortrages komplett zum Einbruch.

Machen Sie den Test vorher mit einem Kollegen. Legen Sie Ihre Folie zwei Sekunden lang auf den Overheadprojektor. Dann schalten Sie ihn wieder ab und fragen, ob Ihre Botschaft erkannt worden ist. Wenn er die Quintessenz nicht nacherzählen kann, muss die Folie umgestaltet oder sogar ganz weggelassen werden. Hier ist auch der Scheideweg von gezeichneten Witzen. Die meisten Witze sind eben nicht mit einem Blick erfassbar.

Auf einer Folie soll nur *eine* Botschaft stehen

Die Botschaft, die Sie rüberbringen möchten, kann eine Zeichnung, ein Bild oder ein Satzfragment sein.

Auf einer Folie ist kein Titel nötig.

Wenn Sie die Umsatzzahlen für das Jahr 2002 präsentieren, so muss da kein Titel über der Folie stehen: „Umsatzzahlen 2002". Sprechen Sie dies statt dessen. Sie sagen beispielsweise: „Schauen wir uns die Umsatzzahlen 2002 an." Knips – und jetzt weiß jeder, was kommt. Ihr Hirn kann es zuordnen. Das müssen Sie nicht mehr hinschreiben. Das Problem, wenn Sie Zusatzinfomationen mit auf die Folie klatschen, ist, dass das Leseenergie frisst. Der Zuschauer wird von der eigentlichen Botschaft abgelenkt. Wenn Sie Achsenbeschriftungen an Ihr Diagramm anbringen, so frisst das ebenfalls Leseenergie. Das ist nicht notwendig, das liest sowieso keiner. Machen Sie gerade einen Strich, wo zum Beispiel die erste Million steht, und das reicht. Auch Quellenangaben auf einer Folie fressen Leseenergie. Die müssen rausfliegen. Denn auch das liest sowieso keiner.

Jedes Element, das Leseenergie frisst, muss von der Folie weg.

Jetzt noch zu einem heiklen Objekt auf der Folie, von dem ich weiß, dass ich da gegen eiserne Widerstände kämpfe. Das Objekt ist… Ihr heiß geliebtes Firmenlogo. Meine These:

Auf einer Folie hat das Firmenlogo nichts zu suchen.

Das frisst natürlich auch Leseenergie, deshalb muss es weg! Ich höre jetzt schon den Aufschrei aller ausgebildeten Marketingstrategen. „Cooperate Identity“, rufen die, „wir müssen den Markt mit unserem Logo infiltrieren, das wird unterbewusst wahrgenommen, das muss da hin, das wird überall so gelehrt!“ Ich kenne zwar nicht deren Schulbuchwissen, das so etwas sicherlich begründen kann, ich kenne aber meinen Bauch, der bei der Auswahl einer Version mit Logo und einer ohne Logo immer entscheidet: Ohne Logo wirkt es besser!

Bedenken Sie eins: Eine Präsentation ist keine Plakatwerbung in Bahnhöfen, das ist keine Bannerwerbung im Internet, das ist keine Inseratkampagne in Zeitschriften, das ist auch keine Bandenwerbung im Stadion. Dort ist die Aufmerksamkeitsdauer bei kleinster Leseenergie nur zirka eine bis fünf Sekunden. Da ist ja gerade der Zweck, dass Ihr Firmenlogo unterbewusst wahrgenommen wird, denn zu mehr reicht es meist nicht. Öffentliches Reden hingegen bedeutet: Sie machen eine Kurzveranstaltung von 15 Minuten bis maximal einer Stunde vor einem ausgewählten Publikum, das wegen Ihnen dasitzt und wo Sie als Redner die Hauptattraktion sind. Das ist Showtime, da gelten andere Gesetze. Wer bei einer Präsentationsveranstaltung noch nicht bemerkt hat, dass er jetzt beispielsweise bei „Dale Carnegie Training“ gelandet ist, für den nützt jetzt auch ein ständig eingeblendetes Firmenlogo nichts mehr. Wenn das Logo aber auf jeder Folie ist, wird ständig Aufmerksamkeitsenergie von der eigentlichen Botschaft abgelenkt.

Die Wirkung, die Sie erreichen, wenn Sie auf jeder Ihrer Folien links oben Ihr Firmenlogo eingeblendet haben, ist dieselbe, als wenn David Copperfield auf der Bühne ein T-Shirt mit der Aufschrift „David Copperfield Cooperation. Best in World“ tragen würde. Können Sie sich das vorstellen? Eine lächerliche Vorstellung. Wer bis jetzt nicht gemerkt hat, dass er bei David Copperfield ist, dem ist auch nicht mehr zu helfen.

Auch hier haben wir die TV-Werbung als Vorbild. In den seltensten Fällen wird da mal ein Diagramm eingespielt, aber wenn, dann sehen Sie weder Achsenbeschriftung noch Titel noch das Firmenlogo. So sollen auch Sie Ihre Folien gestalten.

Ich weiß, viele meiner Leser bekommen jetzt Bauchschmerzen. Zu sehr widerspricht das den alten Gewohnheiten. Und außerdem: „Aber alle anderen machen’s doch auch so. Das kann doch nicht verkehrt sein! Geht da nicht die Seriosität flöten?" … usw. Auch hier habe ich wieder meinen einfachen Test gemacht, den Sie sofort alle selbst nachmachen können: Ich lege eine Folie mit vollständigem Titel, Beschriftung und Bemaßung und dem Firmenlogo auf, anschließend eine Folie nur mit der reinen nackten Kernbotschaft, und lasse dann meinen Bauch entscheiden. Und der entschied sich immer für die Nacktversion.

Folien sollten wie Bildersprache sein: Ein Kondensat

So wie die Bildersprache den Sirup der Sprache darstellt, so sollen Folienbotschaften der Sirup der Botschaften sein.

Alles Unnötige, alles, was ausschmückend ist, alles, was Leseenergie frisst, wird weggelassen. Es wird nur eine einzige Botschaft platziert, ohne unnötige Beigaben. Ein Foto ohne erklärenden Text. Eine Textbotschaft mit nur einem oder wenigen Schlüsselworten, ein Diagramm mit einigen Balken ohne Beschriftungen. Damit ist die Wirkung und die Spannung am Höchsten. Nur der erklärende Spruch des Redners soll der Folie einen Sinn geben.

So darf es nicht aussehen

© Kurt Wyss, Basel.

Der Oberbürgermeister von Basel Ueli Vischer während einer Medienkonferenz: überfrachtete Textfolie mit Titel, Fußzeile und voll ausformuliertem Text. Alles, was es spricht, kann bereits gelesen werden. Warum soll ein Journalist bei so einer Präsentation noch seine Zeit absitzen?

So darf es nicht aussehen

Eine Bildfolie mit Text. Mit Text geht die Spannung verloren. Jeder liest – der Redner ist nicht mehr nötig.

So soll es aussehen

Eine Bildfolie ohne Text. Ohne Sprecher hat die Folie keine Bedeutung. Spannung wird aufgebaut.

So soll es aussehen

Es steht nur eine Kernbotschaft auf der Folie. Dieser Text auf der Folie wird erst dann angeknipst, wenn der Redner das Wort „Beratungsfirma“ ausspricht. Ohne Redner hat die Folie keine Bedeutung.

Folien sind nicht mit dem Handout zu verwechseln

Bei vielen Präsentationen wird den Zuhörern ein Handout gegeben. Das ist eine Dokumentation, wo die wichtigsten Thesen des Vortrags noch einmal schriftlich zusammengefasst sind. In Zukunft ist es leider nicht mehr so, dass Sie einfach ein paar Seiten aus dem Handout auf Folie kopieren und auf den Overheadprojektor legen. So wird das von den meisten Rednern nämlich praktiziert. Mit der neuen Art, Folien zu gestalten, ändert sich die Vorgehensweise radikal. Beim Handout brauchen Sie Achsenbeschriftungen, da brauchen Sie Überschriften, da brauchen Sie Kopf- und Fußzeilen, da brauchen Sie Quellenangaben, da brauchen Sie ausformulierte Sätze usw. Zum Nachlesen zu Hause ist das wichtig. Aber während Sie präsentieren, muss reduziert werden, da geht es nur um die groben Strukturen, um Größenordnungen, da ist Showtime, da ist weniger immer mehr.

Nun brauchen Sie nicht gleich zu erschrecken. Die Arbeit für Sie, Folien zu erstellen, ist jetzt nicht schwieriger geworden. Sie können nach wie vor Seiten aus dem Handout als Basis für Ihre Folien verwenden. Die Kunst besteht im Weglassen. Kürzen Sie alles rigoros weg, was Leseenergie von der Kernbotschaft nimmt. Text-Aussagen kürzen Sie auf Schlagwort-Botschaften, die ohne Redner kaum einen Sinn ergäben. Bilder entschlacken Sie von allen Texten und zeigen sie nackt und flächendeckend. Jetzt haben Sie Wirk-Folien.

Abdecken ist besser als alles zeigen

Es gibt ein Regel, die von vielen Rhetorik-Trainern weitergegeben wird, und die sich hartnäckig in etlichen Rhetorikbüchern hält: Folien sollen niemals abgedeckt werden, Folien sollen immer komplett gezeigt werden. Wie für jeden Unfug, wird auch hierfür eine sagenhafte Begründung geliefert: „Wenn man die Folie zum Teil abdeckt, so ist das eine Bevormundung des Publikums." Klingt doch logisch, oder? Wieder mal hat niemand diese Regel überprüft. Machen wir gedanklich den einfachen Test. Nehmen wir an Sie wollen folgenden Inhalt rüberbringen:

Von all dem, was Sie lesen, bleiben Ihnen 10 Prozent
Von all dem, was Sie hören, bleiben Ihnen 20 Prozent
Von all dem, was Sie sehen, bleiben Ihnen 30 Prozent
Von all dem, was Sie hören und sehen, bleiben Ihnen 50 Prozent
Von all dem, was Sie selber formulieren, bleiben Ihnen 80 Prozent
Von all dem, was Sie selber tun, bleiben Ihnen 90 Prozent

So, das ist der Text, den Sie sprechen. Den wollen Sie jetzt durch eine Folie unterstützen. Wie wir ja schon vorher gesehen haben, soll eine Folie eben nicht die vollständige Aussage enthalten, sondern nur eine Rumpfbotschaft, mit der der Zuschauer ohne Redner nichts anfangen kann. Also gestalten wir die Folie folgendermaßen:

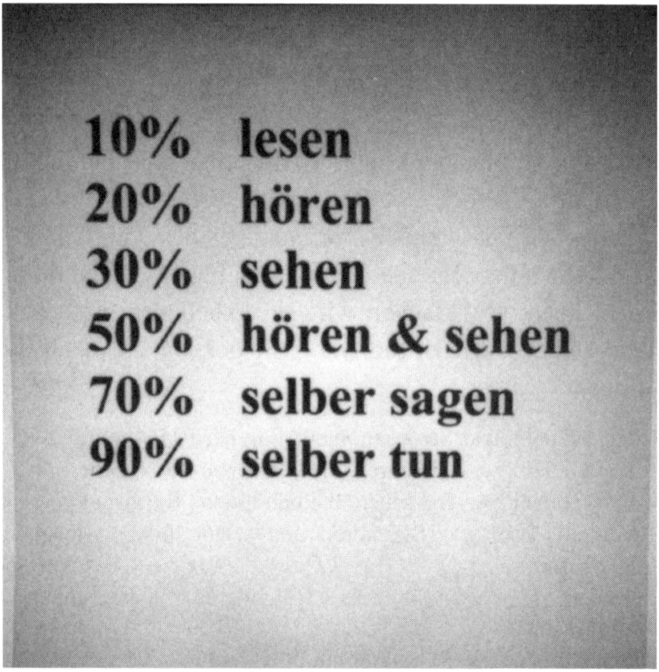

Halten wir uns also mal zum Test an die Regel von soeben. Folien sollten immer komplett gezeigt werden. Sie wissen ja, Bevormundung des Zuschauers und so... Jetzt stellen Sie sich vor: knips – die Folie springt an. Alle sehen das obige Bild. Jetzt sprechen Sie:

> „Von all dem, was Sie lesen, bleiben Ihnen 10 Prozent, *[kleine Kunstpause]* Von all dem, was Sie Hören, bleiben Ihnen 20 Prozent *[kleine Kunstpause]...*"

Und schon haben Sie das Problem: Spätestens jetzt haben die Zuschauer bis zum Ende fertig gelesen, und Sie als Redner sind überflüssig geworden. Die Spannung ist auf Null gesunken.

Jetzt machen wir die Gegenprobe: Sie decken alles ab und sagen:

> „Von all dem, was Sie lesen, bleiben Ihnen *[Kunstpause und aufdecken der ersten Botschaft]* – 10 Prozent. Von all dem, was Sie Hören, bleiben Ihnen *[Kunstpause und aufdecken der zweiten Botschaft]* – 20 Prozent. Von all dem, was Sie Sehen, bleiben Ihnen *[Kunstpause]*…"

Noch ist nichts von der neuen Zeile zu sehen. Die Zuschauer sind aber inzwischen an das Prinzip gewöhnt, gleich die Botschaft auf der Wand gezeigt zu bekommen. Das Auge tastet jetzt neugierig auf den abgedeckten Fleck auf der Wand, wo gleich die Prozentzahl erscheinen wird. Gesagt haben Sie noch nichts. Spüren Sie, wie Spannung entsteht? Und das Zeile für Zeile.

Wenn es stimmt, dass es eine Bevormundung des Zuschauers ist, die Folie abzudecken, dann ist es auch eine Bevormundung, wenn bei einem Krimi der Mörder nicht gleich am Anfang bekannt gegeben wird. Stellen Sie sich vor, die Ansagerin vor dem Tatort würde sagen: „Guten Tag, meine Damen und Herren, Sie sehen jetzt den Tatort. Der Mörder ist diesmal der Gärtner. Viel Spaß beim Zuschauen". Das muss nach der Theorie ein guter Krimi werden, weil der Zuschauer ja nicht bevormundet wird!

Todsünde: Einzelne Kapitelüberschriften auf Folie zeigen

Das Tödlichste in einem Vortrag ist, die einzelnen Kapitelüberschriften noch auf Folie zu zeigen. Abschnitte sollten sowieso nicht angekündigt werden, man sollte gleich übergangslos in das Thema abtauchen. Wenn Sie aber noch eine Folie auflegen, wo beispielsweise drauf steht: „Kapitel 5: Selbstverwirklichung“, tötet das jede Spannung. Die Dynamik Ihres Vortrags geht völlig verloren. Es wirkt nicht mehr interessant, es packt nicht mehr. Die Leute haben keinen Appetit mehr, weiter zuzuhören. Sie verhindern, dass die Zuhörer Ihnen an den Lippen kleben. Sie halten keine begeisternde, mitreißende Rede, sondern allenfalls eine mittelmäßige Schulstunde.

Auch Zahlen können mit Spannung präsentiert werden

Was von vielen Zuschauern bei Präsentationen als am ödesten empfunden wird, sind Zahlenpräsentationen. Die meisten Redner präsentieren Zahlen in Übersichten und Statistiken. Dazu benutzen sie meist den Grafikteil des Programms Excel, der es erlaubt, alle Zahlenreihen in so genannten Kuchen- oder Balkendiagrammen darzustellen. Diese kann man ordentlich beschriften und gleich die exakten Prozentzahlen dazu schreiben. Das sieht professionell aus, denkt sich der durchschnittliche Redner, und macht entsprechende Folien. Wieder einmal haben wir das Problem: Alle machen es so, also denkt jeder, das kann nicht falsch sein. Aber: So ein Diagramm macht sich im Handout vielleicht gut, aber nicht als Folie. Nun einige neue Ideen dazu: Schauen Sie sich bitte folgendes Diagramm an:

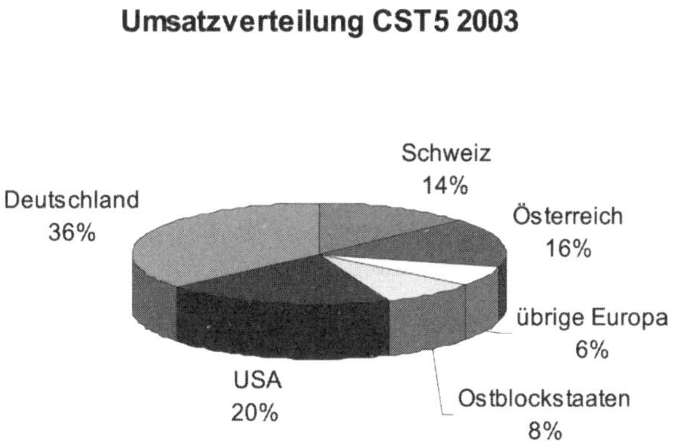

Das Problem dieses Kuchendiagamms ist, dass Sie keine Spannung mehr erzeugen können. Sie knipsen das Bild an, und es ist komplett zu sehen. Sie referieren über den Umsatz in den USA und schon nach den ersten gesprochenen Worten haben die Zuschauer den Rest der Zahlen gelesen. Ab jetzt haben Sie nichts Spannendes mehr mitzuteilen. Die Überschrift ist überflüssig, sie frisst Leseenergie. Den Text spricht der Redner, das reich. Jetzt erweist sich als Vorteil, was ein Programm wie Powerpoint zu bieten hat. Hier können Sie die Kuchenstücke des Diagramms per Knopfdruck einzeln einblenden. So bleibt die Spannung erhalten. Der Zuschauer weiß nicht, was als Nächstes kommen wird. Wie immer beachten Sie auch hier, dass das gesprochene Wort und die Bildschirmbotschaft zeitgleich kommen sollten.

Wenn Sie nun aber mal nicht auf Powerpoint zurückgreifen können oder wollen, so gibt es noch folgende Möglichkeit: Legen Sie ein großes Kuchendiagramm auf den Overheadprojektor, aber ohne jegliche Beschriftung.

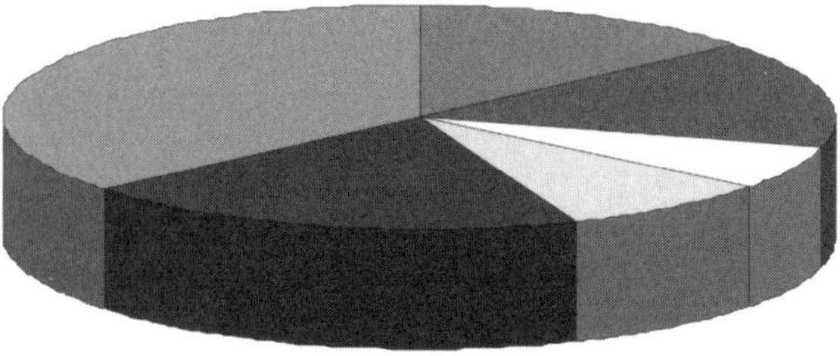

Nun sagen Sie: „Das ist die Umsatzverteilung 2002“. Jetzt erzeugen Sie Spannung, weil niemand weiß, welches Segment zu welcher Position gehört. Beschriften Sie jetzt mit der Hand, um was es sich da im Einzelnen handelt: „Der Umsatz in der Schweiz betrug *[Kunstpause]* – 8 Prozent.“ Und nacheinander beschriften Sie den Rest des Diagramms mit den entsprechenden Ziffern. Die Spannung bleibt erhalten. Keiner weiß, was als Nächstes kommen wird. Wie immer beachten Sie auch hier, dass ein Spannungsbogen, eine Dramatik aufgebaut wird. Zuerst also die dramaturgisch weniger interessante Zahl, und am Ende die dramaturgisch wichtigste Zahl. Sie brauchen auch niemals *alle* Zahlen aufführen. Geben Sie nur die interessantesten Zahlen bekannt. Die anderen lassen Sie weg, das können die Zuhörer in der Dokumentation nachlesen.

Es gibt noch eine Steigerung, wie Sie aus Zahlenpräsentationen einen Krimi machen können. Zeigen Sie wieder, wie soeben, ein völlig unbeschriftetes Kuchendiagramm. Sprechen Sie jetzt anonym über die Umsatzzahlen eines Produktes, das in diesem Jahr überrascht hat. Sagen Sie aber noch nicht, um welches Produkt es sich handelt. Jetzt beschriften Sie wieder das Diagramm mit den wichtigsten Prozentzahlen „dieses Produkts“. Und erst am Schluss lassen Sie die Katze aus dem Sack und sagen: „Das Produkt, von dem ich gesprochen habe, ist *[Kunstpause]* der CST5."

Hier noch eine neue Methode:

Auch Zahlendiagramme können per Hand gezeichnet werden.

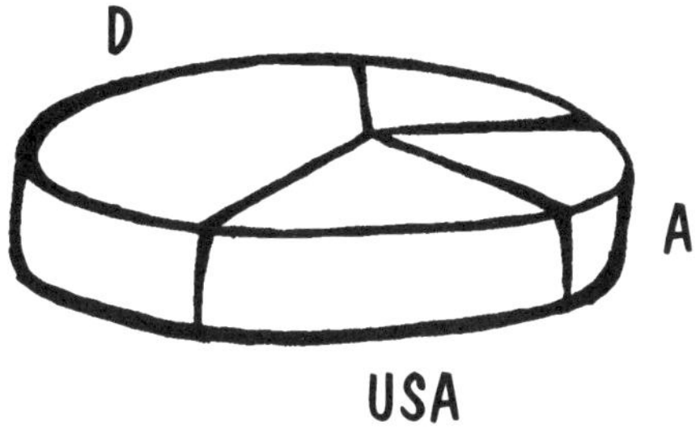

Bei Diagrammen geht es ja nur um die Größenverhältnisse. Die können Sie ruhig mit einem handgezeichneten Kuchen darstellen. Sie malen schwungvoll die Trennlinien ein und schreiben ebenso schwungvoll die einzelnen Prozentzahlen dazu. Es ist nicht wichtig, dass Sie exakt die Größenverhältnisse treffen. Das kann sowieso niemand erfassen. Es geht um das Verdeutlichen der ungefähren Größenverhältnisse.

Ein weiterer Trick besteht darin, bereits vorher einen „leeren" Kuchen zu zeichnen und mit kleinen, kaum sichtbaren Punkten am Rand den Zielpunkt der Trennlinien anzudeuten. Bei der Präsentation ziehen Sie dann schwungvoll per Hand die Trennlinien vom Punkt aus in die Mitte.

All diese Regeln können Sie natürlich auch auf Balkendiagramme übertragen. So sehen diese üblicherweise aus:

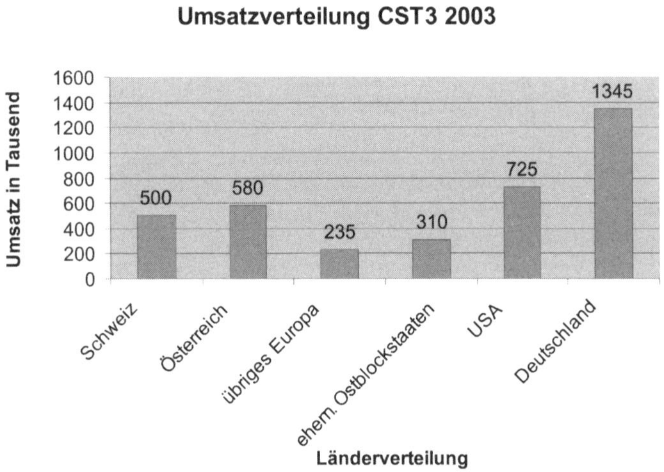

Spannung lässt sich mit so einem Diagramm nicht mehr erzeugen. Im Gegensatz zu Kuchendiagrammen können Sie allerdings hier einen Teil mit Papier abdecken, um die nächsten Zahlen geheim zu halten. Hier gilt unbedingt der Grundsatz: Abdecken ist immer besser als alles zeigen. Ansonsten verraten Sie wieder einmal den Mörder, bevor der Krimi beginnt. Aber lassen Sie bitte die Überschrift weg, die Zahlenangaben, die Achsenbeschriftung und was sonst noch alles Leseenergie frisst.

Mit Powerpoint lässt sich das ebenfalls prima bewerkstelligen. Da gibt es dann sogar die tolle dramaturgische Möglichkeit, per Knopfdruck die einzelnen Balken lebendig, wie Pilze, von unten nach oben wachsen zu lassen. Hier bietet der Einsatz von Powerpoint tatsächlich mehr Möglichkeiten als der einer Folie.

Aber prinzipiell können Sie natürlich auch hier wieder per Hand zeichnen.

Nacheinander entwickeln Sie die einzelnen Balken per Hand. Lebendigkeit und Spannung sind damit dramatisch größer geworden. Sie erzeugen Sympathie beim Publikum.

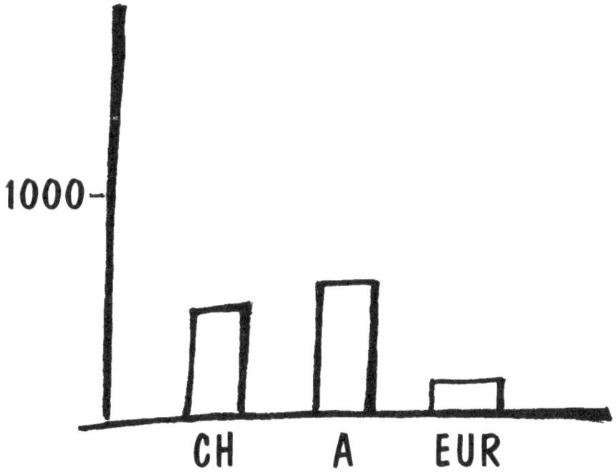

Handzeichnungen haben größeren Sympathiewert

Ich möchte Sie ermuntern, möglichst viel per Hand auf die Folie zu zeichnen. Sie können eigentlich *alles* per Hand schreiben oder zeichnen. Die meisten Menschen haben allerdings Angst, dies zu tun. Sie denken, das wirkt unprofessionell und die Seriosität geht verloren. Das Gegenteil ist der Fall:

Handzeichnungen und Handschriftliches erregen mehr Aufmerksamkeit und wirken sympathisch.

Eine der erfolgreichsten Trainerpersönlichkeiten im deutschsprachigen Raum, Vera F. Birkenbihl (Tageshonorar derzeit 30.000 Mark; falls das Ihre Frage gewesen wäre), hält fast niemals Vorträge vor weniger als 100 Personen. Sie hat immer zwei Overheadprojektoren auf der Bühne. Sie werden es niemals erleben, dass Vera F. Birkenbihl eine Folie auflegt. Alle Texte werden per Hand auf den Projektor geschrieben, alle Grafiken und Zeichnungen werden per Hand erstellt. Sie wandert immer von einem Projektor zum anderen, referiert dazwischen und plötzlich – schwupps – schreibt sie mit einer rasanten Geschwindigkeit wieder mal ein kurzes Satzfragment auf den Projektor. Sie müssen sie mal live hören, um die sagenhafte Lebendigkeit ihrer Vorträge zu erleben. Wenn Sie einmal Gelegenheit haben, sie als Rednerin anzuschauen, empfehle ich Ihnen dringend, hinzugehen.

Jetzt sagen Sie bitte nicht: Ich kann nicht zeichnen. Zwei Dinge hierzu. Erstens: Jeder kann zeichnen. Das haben Sie bereits als Kind bewiesen. Und zweitens: Es ist gut, wenn Sie *nicht gut* zeichnen können und trotzdem etwas zeichnen. Sie erreichen damit eine viel höhere Sympathie.

Hier nun eine kleine Übung für Sie. Nehmen Sie bitte ein leeres Blatt Papier zur Hand und malen Sie jetzt ein Pferd. Und zwar in maximal fünf Sekunden. [Bitte tun sie es wirklich.] Na, wie gefällt Ihnen das Ergebnis? Je weniger es als Pferd erkennbar ist, umso besser ist es. Das darf gar nicht nach einem Pferd aussehen. Wenn Ihr Ergebnis jetzt eher einer Kröte gleicht, haben Sie trotzdem gewonnen. Schauen Sie sich bitte Ihre Zeichnung noch einmal an: Stellen Sie sich vor, ein anderer hätte während einer Präsentation von einem Pferd gesprochen und das als grafische Unterstützung gemalt. Spüren Sie, wie viel Sympathie von so einer Zeichnung ausgeht? Und Sympathie für den Redner überträgt sich immer auch auf sein Anliegen. Das sollten Sie nutzen.

Legen Sie Gegenstände auf den Projektor, um Schattenbilder zu erzeugen

Hier noch eine neue Methode, um den Overheadprojektor außergewöhnlicher zu nutzen als üblich. Sie können Gegenstände auf den Projektor legen, und das Schattenbild des Gegenstandes wird vergrößert an die Wand geworfen. Stellen Sie sich bitte einen Redner bei ausgeschaltetem Projektor vor, der folgenden Text spricht:

> „Wir verschicken jedes Jahr Weihnachtskarten an unsere Kunden. Können Sie sich vorstellen, wie viele Weihnachtskarten unsere Kunden außer unseren noch bekommen? Damit sind wir ganz sicher nichts Besonderes mehr. Deshalb machen wir dieses Jahr wirklich etwas komplett anderes. Wir verschicken keine Weihnachtskarten mehr, sondern diesmal verschicken wir eine *[der Hellraumprojektor wird angeknipst und folgendes Bild erscheint].*
>
> Kassette!“

Und jetzt fahren Sie weiter im Text, was zum Beispiel auf der Kassette alles drauf sein wird... usw. Der Effekt von einem Gegenstand auf dem Projektor, der ein Schattenbild wirft, ist unwahrscheinlich.

Sie glauben gar nicht, welche Gegenstände Sie auf den Overheadprojektor legen können. Eine Brille, eine Schere, ein Glas, eine Computermaus, einen Schlüssel ... oder was auch immer. Sie knipsen den Projektor, wie immer, in dem Moment an, wo Sie auf den Gegenstand Bezug nehmen. Wow – das sieht einfach gut aus.

Ich hatte einen Auftrag, eine Dame im Einzelcoaching auf einen Vortrag vor 500 Gastronomen zu dem Thema „Be-

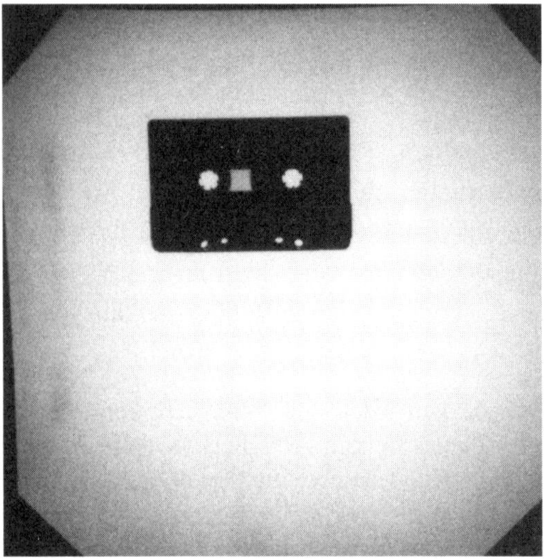

nehmen im Gastronomiebereich" vorzubereiten. Auch hier haben wir dieses Prinzip umgesetzt. Was gibt es Anschaulicheres, als das optimale Arrangement von Tellern und Besteck auf dem Overheadprojektor vorzuführen. Der Projektor wirft das Schattenbild für alle sichtbar vergrößert an die Wand. So kann auch der Zuschauer in der letzten Reihe noch erkennen, wie Teller und Besteck am geschicktesten drapiert werden können.

Ein Flipchart hat viel mehr Dynamik und Lebendigkeit

Ein Flipchart ist eine Art Wandtafel auf einem Gestell. Nur sind dort anstelle der Tafel übergroße Blätter hintereinander geschichtet, auf denen man schreiben kann. Obwohl ich mich in diesem Kapitel ausführlich mit Overheadprojektor und Powerpoint beschäftigt habe, halte ich aber im Grunde meines Herzens den Flipchart für das lebendigere Instrument. Wo immer sich die Gelegenheit bietet, verzichte ich persönlich auf den Projektor und setze den Flipchart ein. Bei bis zu 200 Personen ist die Sichtbarkeit auch noch in den letzten Reihen gewährleistet (das heißt zirka zehn Reihen, bei Konzertbestuhlung). Bei mehr als 200 Personen wechsle ich dann ebenfalls auf den Overheadprojektor, es sei denn eine Kamera wirft das Flipchartbild auf eine neben der Bühne stehende Großbildleinwand. Der Flipchart hat viel mehr Unmittelbarkeit, man kann mit viel größerer Dynamik, Dramatik und Showeffekt darauf rumkritzeln. Der Flipchart ist sozusagen „unplugged“: Ich, mein Stift, das Papier und sonst nichts. Beim Projektor ist die Fläche begrenzt und es steht immer Technik zwischen dem Redner und dem Publikum.

Neue Erkenntnisse zu rhetorischen Fragen

Auch rhetorische Fragen sind ein Mittel, um die Meinungsführerschaft zu erreichen und mitreißend zu reden. Zunächst: Was ist eine rhetorische Frage? Eine rhetorische Frage ist eine Frage, bei der Sie keine Antwort vom Publikum erwarten.

Viele Rhetoriktrainer geben als Modell einer rhetorischen Frage oftmals ein Beispiel der folgenden Art: „Was ist das Ziel einer jeden Unternehmung?"

Das ist die Frage, aber Sie erwarten keine Antwort, weil Sie die Antwort im Anschluss selbst geben. „Ein Unternehmen will erst einmal Gewinn machen."

Das ist die Art rhetorische Frage, wie sie auch oft im Schulunterricht von Lehrern gestellt wird: Da wird beispielsweise gefragt: „Wie funktioniert ein Dieselmotor?" Das ist die rhetorische Frage – und dann gleich die Antwort: „Beim Dieselmotor wird das Gasgemisch mit so hohem Druck eingespritzt, dass es sich selbst entzündet …"

Formal, nach Definition, sind die vorhergehenden Beispiele zwar rhetorische Fragen, aber Sie hinterlassen keine nachhaltige Wirkung. Ich konzentriere mich deshalb nur auf die rhetorischen Fragen, die eine Wirkung auslösen: Die rhetorischen Wirk-Fragen.

Hier ein Beispiel: „Würden Sie Ihr Kind vier Monate alleine lassen?" Hier erwarten Sie auch keine Antwort vom Publikum, aber hier geben Sie die Antwort nicht, wie im vorherigen Fall selbst, sondern die Antwort gibt sich *unausgesprochen* von selbst. In den Köpfen der Zuschauer bildet sich die Antwort: „Selbstverständlich nicht".

Anderes Beipiel: „Machen Sie niemals Fehler?" Die Antwort ergibt sich von selbst. In diesem Fall: „Selbstverständlich Ja. Natürlich, alle machen einmal Fehler". Das sagen Sie nicht, diese Antwort läuft in den Köpfen der Zuhörer ab.

Bei rhetorischen Wirk-Fragen lautet die unausgesprochene Antwort entweder „Selbstverständlich Ja" oder „Selbstverständlich Nein".

Hier noch einige Beipiele dazu:

Können Sie etwas dafür, dass Sie in Deutschland geboren wurden?
Meinen Sie, die Russen lieben ihre Kinder nicht?
Würden Sie ohne Fallschirm aus einem Flugzeug springen?
Wünschen Sie sich den Dritten Weltkrieg?
Denken Sie, Rom wurde an einem Tag erbaut?
Haben Sie noch niemals gelogen?

Die rhetorische Wirk-Frage muss wie ein Pfeil im Herzen stecken. Sie muss betroffen machen.

Damit die rhetorische Wirk-Frage auch ihre Wirkung entfaltet, ist es wichtig, dass Sie danach unbedingt eine Pause machen. Nur dann macht sie wirklich betroffen. Es gibt nichts Schlimmeres, als wenn Sie fragen: „Wünschen Sie sich den Dritten Weltkrieg?", und gleich im Anschluss ohne Pause weiterplappern: „Also wahrscheinlich wünscht sich doch niemand den Dritten Weltkrieg". Jetzt ist die Wirkung verpufft. Erstens: Rhetorische Wirk-Fragen sollen Sie nicht selbst beantworten. Und zweitens: Sie haben keine Wirk-Pause gelassen. Erst durch diese Pause bohrt sich der Pfeil wirklich in die Herzen der Zuhörer.

Was ist nun der psychologische Effekt von rhetorischen Wirk-Fragen? Was erreichen Sie dadurch? Sie bringen Ihr Publikum immer wieder unbewusst dazu, Ihrer Meinung zuzustimmen. Sie stellen eine rhetorische Wirk-Frage und damit geben Sie unausgesprochen eine Meinung vor. Unterbewusst stimmt das Publikum Ihrer unausgesprochenen Meinung zu: „Selbstverständlich Ja“ oder eben auch „Selbstverständlich Nein“. Das machen Sie drei-, viermal. Dadurch bringen Sie das Publikum quasi in einen Nick-Rhythmus, wie mit einem Walzertakt. Wer viermal wehrlos einem Redner zugestimmt hat, der akzeptiert damit unterbewusst den Redner als Meinungsführer, und diese Zustimmung überträgt sich dann auf sein Anliegen.

Durch rhetorische Wirk-Fragen etablieren Sie sich als Meinungsführer.

Die Sache klingt ja recht plausibel, wenn man sie mit Beispielen vorgeführt bekommt, aber: Wie kann man von selbst auf eine solche rhetorische Wirk-Frage kommen? Ich habe lange in der Literatur gesucht, um auf eine Regel zu stoßen, bin aber nirgends fündig geworden. Dann habe ich versucht, selbst eine brauchbare Regel aufzustellen, und bin tatsächlich auf ein zufriedenstellendes Ergebnis gekommen. Hier also meine Regel, wie Sie ganz einfach rhetorische Wirk-Fragen finden können:

Sie bilden einen (selbstverständlichen) Aussagesatz, der mit „alle/jeder“ oder „niemand/keiner“ beginnt. Und diesen Satz stellen Sie einfach in Frage.

Und schon haben Sie eine rhetorische Wirk-Frage.

Nehmen wir zur Übung die vorherigen Beispiele: „(Selbstverständlich) *Niemand* kann etwas dafür, dass er in Deutschland geboren wurde.“ Daraus machen Sie die Frage: „Können Sie etwas dafür, dass Sie in Deutschland geboren wurden?“ (Unausgesprochene Antwort des Publikums: „Selbstverständlich nicht.“)

„(Selbstverständlich) *Alle* Russen lieben ihre Kinder.“ Diese Aussage stellen wir in Frage: „Meinen Sie, die Russen lieben ihre Kinder nicht?“ (Unausgesprochene Antwort des Publikums: „Selbstverständlich Ja“)

„(Selbstverständlich) *Niemand* würde ohne Fallschirm aus dem Flugzeug springen.“ Das wird zur Frage: „Würden Sie ohne Fallschirm aus einem Flugzeug springen?“ (Unausgesprochene Antwort des Publikums: „Selbstverständlich nicht“)

Hier noch einige Beispiele zum Üben. Bitte machen Sie aus folgenden selbstverständlichen Aussagen rhetorische Wirk-Fragen:

Niemand will mit seinem jetzigen Gehalt ein Leben lang auskommen.

____

____

Jeder hat schon mal eine Verkehrsübertretung begangen.

____

____

Und jetzt eine weitergehende Übung. Sie sollen schließlich selbst in der Lage sein, rhetorische Wirk-Fragen zu finden. Bitte formulieren Sie selbst eine Aussage, die entweder mit „alle/jeder“ oder „niemand/keiner“ beginnt. Und machen Sie im Anschluss eine rhetorische Wirk-Frage daraus.

Eine selbstverständliche Aussage, beginnend mit „alle/jeder“ oder „niemand/keiner“:

____

____

Die entsprechende rhetorische Wirk-Frage dazu:

____

____

Eine selbstverständliche Aussage, beginnend mit „alle/jeder“ oder „niemand/keiner“:

____

____

Die entsprechende rhetorische Wirk-Frage dazu:

____

____

Diese Methode ist zwar nicht immer rückwärts anwendbar, das heißt, Sie können nicht zwingend aus jeder gelungenen rhetorischen Wirk-Frage wieder eine Aussage mit „alle/jeder“ oder „niemand/keiner“ machen. Aber Sie haben jetzt in der Vorwärtsrichtung eine universelle Methode an der Hand, um systematisch rhetorische Wirk-Fragen zu kreieren und sich damit als Meinungsführer zu etablieren.

Einer der besten Rhetoriker der Schweiz ist meiner Einschätzung nach Pfarrer Sieber. Pfarrer Siebers Lebenswerk besteht darin, Drogenabhängige von der Straße zu holen und sie in festen Häusern unterzubringen. Als der populäre Pfarrer noch Parlamentsabgeordneter war, wollte er ein Gesetz durchbringen, das vorsah, von Staats wegen ein Selbsthilfe-Drogendorf einzurichten. Das Parlament war erwiesenermaßen gegen sein Drogendorf. Aber Pfarrer Sieber hat lediglich eine einzige Rede gebraucht, um die Mehrheitsverhältnisse umzukippen. Ein Parlament mit Betonmeinungen und Fraktionszwang zur Meinungsänderung zu bringen, das ist eine rhetorische Meisterleistung.

Ich habe diese Rede analysiert. Hier einige Passagen daraus:

> „… Haben wir ein sauberes Gewissen? …“
> „… Junge Leute kommen und sagen: Ich komme mit, Pfarrer. Aber hast du einen Platz? Wohin bringen wir sie? …“
> „… Können wir es verantworten, dass noch einmal ein Winter vorübergeht, ohne diesen Lazarus vor der Türe tatsächlich in unser Haus hineinzunehmen? …“

Erkennen Sie, wie mächtig rhetorische Fragen sind?

Die Anaphora

Eine Anaphora ist das immer gleiche Satzfragment, das man in eine Rede einbaut.

Als die Berliner Mauer 1961 hochgezogen wurde, flog der damalige amerikanische Präsident John F. Kennedy nach Berlin, um vor dieser Kulisse eine Rede zu halten. Die Kameras der gesamten Weltpresse waren auf dieses dramaturgisch nicht mehr überbietbare Szenario gerichtet. Hier die ersten Worte von Kennedy:

> „*Ich bin stolz*, heute in Ihre Stadt zu kommen, die Symbol ist des Widerstandsgeistes. *Ich bin stolz*, mit Ihrem Bundeskanzler Ihr Land besucht zu haben, das für Demokratie, Freiheit und Fortschritt steht. *Ich bin stolz*, in Begleitung von General Clay hier zu sein, der wieder kommt, wenn es nötig sein sollte …“

Dieser Redeanfang enthielt eine Anaphora: „Ich bin stolz … Ich bin stolz … Ich bin stolz …“ – die immer gleiche Satzkonstruktion, die in eine Rede eingebaut wird.

Julius Caesar wurde von seinem Sohn Brutus und einigen anderen Verschwörern mit Messerstichen ermordet. In einer Rechtfertigungsrede wirft Brutus seinem toten Vater vor, dass er herrschsüchtig gewesen sei. Das sei zum Schaden Roms gewesen und deshalb musste Caesar umgebracht werden. Brutus hätte nach seiner Rede beinahe die Zustimmung des Volkes bekommen, wenn danach nicht Mark Anton ans Rednerpult gegangen wäre und seine berühmte Rede gehalten hätte. Hier ein Ausschnitt aus dieser Rede: (umformuliert in lesbare Prosa, nach dem Stück von Shakespeare)

„…Cäsar war mein Freund, er war gerecht mit mir und er stand treu zu mir.

Doch Brutus sagt, er war herrschsüchtig – und Brutus ist ein ehrenwerter Mann.

Cäsar hat viele Gefangene heim nach Rom gebracht – und mit deren Lösegeld hat er unsere Staatskasse gefüllt. Ist das Beweis für seine Herrschsucht?

Wenn die Armen zu ihm schrien, hat er Tränen in den Augen gehabt. Ein Herrschsüchtiger sollte aus härterem Material bestehen.

Doch Brutus sagt, er war herrschsüchtig – und Brutus ist ein ehrenwerter Mann.

Ihr alle habt gesehen, wie ich ihm am Lupercus-Tag dreimal die Königskrone angeboten habe – und dreimal hat er sie abgelehnt. Ist das herrschsüchtig?

Doch Brutus sagt, er war herrschsüchtig – und Brutus ist ein ehrenwerter Mann …“

Auch hier: Die immer gleichen Worte, hier ein ganzer Satz: *Doch Brutus sagt, er war herrschsüchtig – und Brutus ist ein ehrenwerter Mann.*

Eine Anaphora ist ein mächtiges rhetorisches Stilelement. Sie müssen es wirklich einmal in einer Rede gehört haben, um zu ermessen, welch gigantische Wirkung davon ausgeht. Für eine der berühmtesten Reden der Weltgeschichte ist sogar die darin vorkommende Anaphora zum Erkennungszeichen geworden. Es ist die Rede von Martin Luther King, die er im August 1963 in Washington vor dem Capitol hielt. Diese Anaphora hieß: „I have a dream …“ Ich habe einen Traum. Immer und immer wieder wiederholte er diesen Satzanfang innerhalb seiner Rede. Wer die Rede einmal gehört hat, kann ermessen wie beeindruckend eine Anaphora ist. Das sind die höheren Weihen der Rhetorik. Aber es ist einfach – Sie können es auch. Sie müssen es nur tun.

Lassen Sie sich nicht abschrecken von den historischen Beispielen großer Redner, die ich jetzt gegeben habe. Ich möchte Sie ermuntern, auch in Ihre ganz alltäglichen Präsentationen so etwas einzubauen. Ich hatte beispielsweise eine Teilnehmerin in meinem Seminar, die eine Jubiläumsrede für eine Arbeitskollegin hielt. Hier ein Ausschnitt aus ihrer Rede:

> „…*Wenn jeder von uns* mit so viel Enthusiasmus arbeiten würde. *Wenn jeder von uns* so viel Loyalität und Engagement hätte. *Wenn jeder von uns* mit so viel Liebe bei der Sache wäre. *Wenn jeder von uns* so hilfsbereit gegenüber den Kollegen wäre wie du, dann würde unsere Firma für ewig bestehen …"

Was passiert nun psychologisch für die Zuhörer, wenn Sie Anaphoren benutzen? Botschaften gehen tiefer, wenn sie ständig wiederholt werden. Steter Tropfen höhlt den Stein. Durch die immer gleichen Satzkonstruktionen machen Sie das Hirn „löchrig" für Ihre Botschaften und damit auch für Ihr Anliegen. Gleichzeitig erhöhen Sie die Behaltensquote. Sie massieren quasi Ihre Message in die Hirne Ihrer Zuhörer.

Hier noch ein Beispiel einer Anaphora:

> „…Wir tragen viele unvereinbaren Wünsche in uns: *Wir wollen einerseits* die Schönheit von Cindy Crawford und *trotzdem* von lästigen Gaffern verschont bleiben. *Wir wollen einerseits* öfter mal ein gepflegtes Essen mit fünf Gängen und *trotzdem* wollen wir schlank bleiben. *Wir wollen einerseits* das lockere Laissez-faire-Leben, das wir an den Südeuropäern so bewundern: unkompliziert, spontan, locker,

lebendig nicht so engstirnig; aber *trotzdem* soll natürlich das Klo piko-bello sein und unser Haushalt mit allem Komfort unserer Zeit eingerichtet sein. *Wir wollen einerseits* sehnlichst Kinder haben, *trotzdem* wollen wir unsere jugendliche Unbeschwertheit erhalten. … Entscheiden Sie sich immer bewusst für einen Weg und lieben Sie auch die Nachteile. Denn wer zwei Hasen gleichzeitig jagt, fängt zum Schluss keinen."

Die Macht von Gleichnissen

Gleichnisse kennen wir von alters her. Buddha, Mohammed, Jesus, alle religiösen Führer haben immer in Gleichnissen geredet. (Jesus zum Beispiel spricht zu den Fischern: „Ihr sollt nicht mehr Fische fischen, sondern Ihr sollt Menschen fischen.“)

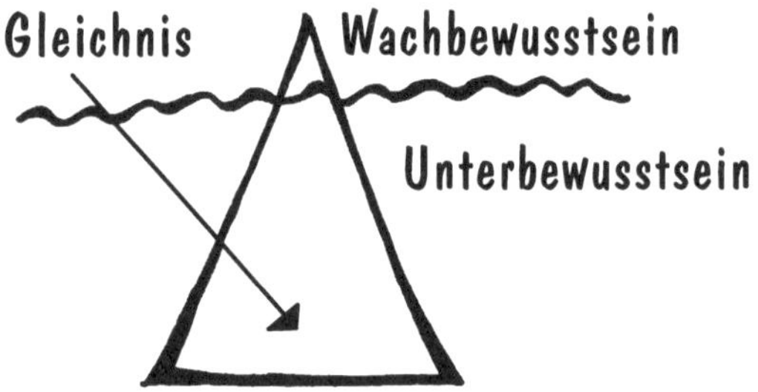

Das Faszinierende ist: Durch Gleichnisse können Sie die Logik als Filter umgehen. Sie funken mit einem Gleichnis direkt in das Unterbewusstsein der Zuhörer. Denn ein Gleichnis wird erst einmal nicht auf seinen Wahrheitsgehalt überprüft. Zu wirksam und verführerisch ist das Bild, das energielos im Unterbewusstsein entsteht. Das ist teuflisch. Sie können durch Gleichnisse den Menschen Unfug plausibel machen, den sie vom logisch urteilenden Bewusstsein her ablehnen würden.

Ich gebe Ihnen einmal einige Beispiele von Aussagen, die Sie wahrscheinlich von Ihrem wachen Verstand her als logisch einschätzen. Und dann werde ich durch ein Gleichnis versuchen, Ihre Logik kurzzuschließen und Sie ins Wanken zu bringen.

Stimmen Sie folgender Aussage zu?

> Wenn man Ihnen eine neue Regel beibringt, mit der Sie ein Problem besser lösen können, und danach haben Sie schlechtere Ergebnisse, dann taugt offensichtlich die Regel nichts.

Bitte beantworten Sie erst die Frage, bevor Sie weiterlesen. Sind Sie damit einverstanden?

Wenn ja, dann ist es Ihr über dem Wasserspiegel liegender Logikteil, der diese Aussage für richtig hält.

Nun mein Versuch, Ihre Logik zu umgehen:

> Wenn Sie beim Schreibmaschineschreiben von Ihrem Zwei-Fingersystem zum Zehn-Fingersystem wechseln, werden Sie zunächst einmal langsamer. Trotzdem ist es auf Dauer das bessere System.

Spüren Sie, wie Sie innerlich schwanken oder sogar schon umgekippt sind? Wenn das Bild *in sich* logisch ist, überträgt es das Unterbewusstsein willfährig auf die Ausgangssituation.

Stimmen Sie folgender Aussage zu?

> Der Mensch lässt sich durch Anreize und Belohnung besser formen als durch Druck.

Sind Sie damit einverstanden? Wenn ja, dann ist es Ihr Logikteil, der diese Aussage für richtig hält.

Nun mein Versuch, Ihre Logik zu umgehen:

> Kohle wird erst durch dauerhaften Druck zum Diamant. Druck veredelt auch Menschen.

Hat was, oder? Spüren Sie, wie Sie schwanken?

Um ein Gleichnis auf seinen Wahrheitsgehalt hin zu überprüfen, müssen Sie wieder Energie aufwenden. Sie müssen von unter der Wasseroberfläche hoch in den Logikteil gehen und schauen, ob Sie das für gut halten. Das ist dem Menschen zu mühsam. Viel lieber bleibt er im lauwarmen Wasser des Unterbewusstseins liegen.

Wie können Sie das jetzt auf die Rhetorik übertragen? Sie können dem Zuhörer durch Gleichnisse alle Ihre Argumente plausibel machen. Und zwar unabhängig davon, ob sie wirklich plausibel sind oder nicht, das spielt gar keine Rolle. Die Zuhörer akzeptieren Ihr Argument, weil das Gleichnis stimmt, nicht weil das Argument schlüssig ist. Damit bekommen Sie Macht.

Joseph Goebbels hat im Kriegswinter 1942/43, als an der Ostfront täglich tausende von Soldaten elend starben, im Berliner Sportpalast ein ganzes Volk dazu gebracht, zu schreien, sie wollen den totalen Krieg, totaler und radikaler, als sie ihn sich vorstellen können.

Schauen Sie sich ein paar der erschreckenden Passagen daraus an:

> „Das Judentum stellt eine infektiöse Erscheinung dar, die ansteckend wirkt."

> „Je mehr wir dem Führer an Kraft in die Hand geben, um so vernichtender wird dieser Schlag sein!"

> „Es ist besser, zur rechten Zeit einen operativen Schnitt zu tun, als zuzuwarten und sich die Krankheit erst richtig festsetzen zu lassen."

Das wache Bewusstsein, die Logik, wird bei Gleichnissen außer Kraft gesetzt. Das wusste Goebbels leider genauso gut wie Jesus.

Das Instrument ist zunächst unschuldig. Es ist der Anwender, der ein Messer entweder zu einer Mordwaffe oder aber zu einem Brotschneider macht. Deshalb bringe ich Ihnen das Instrument „Gleichnis“ bei.

Jetzt wieder die entscheidende Frage: Die Beispiele sind ja ganz anschaulich, aber wie kommt man selbst auf solche Gleichnisse? Dies ist eine Frage, auf die ich in keinem Rhetorikbuch eine befriedigende Antwort gefunden habe.[4] Ich habe also selbst überlegt und eine Lösung gefunden. Es ist wesentlich einfacher, als Sie vielleicht denken. Ich habe dazu einen Triggersatz entwickelt. Das ist ein Satzanfang, der das Hirn anregt, mögliche Ergebnisse auszuspucken. Und zwar sagen Sie sich nur:

Das ist genauso, als wenn …

(Das ist dasselbe wie …, das gleicht …, genauso als ob …)

Und dann fahren Sie mit dem Satz fort. Sie suchen jetzt nach einem Vergleich in der Alltagswelt, wozu jeder ein Bild abgespeichert hat. Suchen Sie mehrere Lösungen. Nicht jede wird treffen und zwingend sein. Das ist auch nicht notwendig. Aber nach drei, vier Versuchen haben Sie plötzlich genau das Gleichnis, das passt.

Angenommen, Sie wollten folgende Aussage mit einem Gleichnis stützen: „Wenn Sie einmal etwas gelernt haben und Sie praktizieren es längere Zeit nicht, dann kommen Sie mit wenig Mühe wieder hinein.“

Jetzt sagen Sie sich den Triggersatz: „Das ist genau so, als wenn …“ und überlegen Sie sich einen Fall, wo die Problemstellung ähnlich ist. Sie fragen sich: Wann, in der allen bekannten Alltagswelt, wird etwas gelernt, dann wird es lange nicht praktiziert und trotzdem behält man die Fähigkeit bei. Jetzt könnten Sie beispielsweise sagen: „Das ist dasselbe, wie wenn Sie einen Vogel fangen und in den Käfig sperren. Wenn Sie ihn nach Jahren wieder frei lassen, kann er sofort wieder fliegen.“

Achten Sie bei Gleichnissen unbedingt auf die Logikkette. Das Problem, das als Vergleich in der anschaulichen Alltagswelt herangezogen wird, muss im Kern das Problem treffen, mit dem es verglichen wird. Angenommen, Sie würden für die vorhergehende Aussage das Gleichnis finden: „Das ist dasselbe, als wenn Sie das Rezept für einen Kuchen haben. Auch nach Jahren wird der Kuchen mit diesem Rezept noch immer gleich schmecken.“ Dieses Gleichnis trifft das Kernproblem nicht. Man muss einen Vergleich finden, wo es um eine erlernte *Fähigkeit* geht. Einen Kuchen nach Rezept zu backen, das ist keine erworbene Fähigkeit, sondern das ist das Umsetzen einer immer gleichen Anweisung.

Gleichnisse vermögen beides: Zum einen können sie eine These untermauern und zum anderen können sie eine These zum Einsturz bringen. Für das Unterbewusstsein ist das egal, es glaubt immer dem Bild. Wer ein Gleichnis findet, hat immer Recht.

Wenn Sie die Macht der Gleichnisse beherrschen, besitzen Sie ein großartiges, mächtiges Instrument. Daher haben wir hier eine Übung für Sie, um dies zu trainieren.

Nachfolgend fünf Aussagen, die Sie versuchen sollten, zum einen durch ein Gleichnis außer Kraft zu setzen, und zum anderen durch ein Gleichnis zu unterstützen.

Aussage 1: „Ein Seminar, das mehr als 30 Teilnehmer hat, bringt dem Einzelnen nichts mehr."

Das ist genau, wie wenn…

1. außer Kraft setzen:

2. unterstützen:

Lösungsvorschläge für Aussage 1:

1. Wenn Michael Jackson ein Konzert gibt, ist es egal, ob 60.000 andere das Konzert auch noch besuchen. Das Konzert bleibt trotzdem gut.
2. Das ist etwa so, als ob ein Arzt versucht, 30 Patienten gleichzeitig zu operieren.

Aussage 2: „Ihr Körper bleibt leistungsfähig, auch wenn Ihre Nahrung nicht naturbelassen ist."

Das ist genau, wie wenn …

1. außer Kraft setzen:

2. unterstützen:

Aussage 3: „Microsoft hat ein Monopol auf ein Betriebssystem. Es muss den Quell-Code seines Programms den anderen Programm-Herstellern zur Verfügung stellen."

Das ist genau, wie wenn …

1. außer Kraft setzen:

Lösungsvorschläge für Aussage 2:

1. Das ist das selbe, als wenn Sie einen Formel 1 Rennwagen mit Diesel betanken würden.
2. Das ist etwa so, als ob Sie einen Ofen nur mit Rosenholz beheizen wollten.

2. unterstützen:

Gleichnisse haben Macht. Eine ehemalige Teilnehmerin an meinem Rhetorikseminar hatte einen fünf Jahre dauernden Rechtsstreit. Sie forderte von ihrem ehemaligen Arbeitgeber noch eine große Summe. Sie hatte bereits etliche Prozesse hinter sich, aber immer verloren. Von ihrem Anwalt war sie im Laufe der Zeit immer mehr enttäuscht. In der nächsten Instanz wollte sie das Plädoyer selbst halten. Deshalb kam sie zu mir zum Rhetorik-Einzelcoaching, um zusammen mit mir ein Plädoyer zu erarbeiten. Die Rechtsschrift umfasste 40 Seiten, hochkomplizierte juristische Sachverhalte. Wir brauchten einen ganzen Vormittag, bis mir klar wurde, um was es da eigentlich ging.

Richter sind Menschen wie alle anderen, auch die haben ein Unterbewusstsein. Daher haben wir den ganzen Rechtsstreit mit einem anschaulichen Gleichnis beschrieben. Hier ist es:

Lösungsvorschläge für Aussage 3:

1. Das ist dasselbe, als ob man Coca Cola dazu verpflichtet, sein Rezept an Pepsi Cola zu liefern.
2. Das wäre etwa dasselbe, als wenn das Steueramt sich weigern würde, die Steuergesetze den Steuerzahlern bekannt zu geben.

„Ein Schäfer hütet 20 Schafe. Der Schäfer wird vom Herdenbesitzer mit einem festen Anteil der Wolle bezahlt, welchedie Schafe geben. Eines Tages nimmt der Besitzer dem Schäfer die Hälfte der Herde weg und sagt ihm: ‚Ich nehme dir einen Teil der Schafe, aber ich verspreche dir, dein Lohn bleibt garantiert. Du bekommst genauso viel Wolle, als wenn deine Herde vollständig wäre.‘ Als der Schäfer das nächste Mal zum Scheren kommt sagt der Herdenbesitzer: ‚Du gibst ja weniger Wolle ab – also bekommst du auch weniger Lohn. Außerdem hast du nichts Schriftliches‘. Das genau ist meine Situation. Was ich fordere, ist die versprochene Wolle.“

Es ist faszinierend zu beobachten, wie Gleichnisse einen vielfach höheren Überzeugungsfaktor ausüben als eine einfache Aussage. In meinen Seminaren zur Schlagfertigkeit begegne ich immer wieder einem Einwand. Ich stelle eine Technik vor und ein Teilnehmer schildert dann einen Anwendungsfall, bei dem er der Meinung ist, dass diese Technik nicht funktionieren würde. Früher habe ich immer Folgendes erwidert: „Es gibt keine Technik, die in 100 Prozent der Fälle funktioniert. Alles, was ich versprechen kann ist, dass sie in 80 Prozent funktioniert. Das reicht aber voll und ganz.“

Seit neustem gebe ich als Antwort aber ein Gleichnis. Achten Sie bitte einmal darauf, wie sehr sich dadurch die Überzeugungskraft verstärkt. Der Einwand ist also: „Bei diesem und jenem Fall funktioniert die Technik nicht.“ Meine Antwort:

„Kennen Sie Roulett? Beim Roulett gibt es genauso viele rote wie schwarze Zahlen. Wenn Sie auf eine rote Zahl setzen und es fällt Rot, bekommen Sie Ihren doppelten Einsatz ausbezahlt. Stellen Sie sich vor, Sie hätten einen Roulettkessel, in dem sich 80 Prozent rote Zahlen befinden und nur 20 Prozent schwarze. Auf welche Farbe würden Sie setzen? Rot oder schwarz?“

Antwort des Teilnehmers: „Rot, natürlich“. Darauf ich: „Stellen Sie sich vor, plötzlich fällt eine schwarze Zahl. Ist deswegen Ihr System falsch?“ Antwort des Teilnehmers: „Nein“. Darauf ich: „Sehen Sie, so ist es auch mit der Schlagfertigkeits-Technik. Es funktioniert nicht immer, aber das System ist trotzdem richtig.“

Das war die absolut gleiche Antwort wie vorher. Nur weil diesmal ein Gleichnis, ein Bild, dahinter steht, wirkt es viel einleuchtender. Nutzen Sie also die Kraft der Gleichnisse für Ihre Rhetorik. Untermauern Sie Ihre Aussagen mit Gleichnissen und die Menschen werden Ihnen folgen.

Wenn ich in meinen Seminaren den Teilnehmern erzähle, dass ich auf ein System gekommen bin, wie man Gleichnisse finden kann, kommt bisweilen folgender Einwand: „Aber Herr Pöhm. Gleichnisse, das ist nichts neues. Schon Buddha hat Gleichnisse benutzt. Das ist schon 2500 Jahre alt. Da haben Sie sicher nichts neues erfunden.“

Meine Antwort darauf lautet seit neuestem so:

„Vor 100 Jahren musste ein Perlentaucher ca. 800 Muscheln aufstemmen, um zufällig auf eine Perle zu stoßen. Irgendwann ist jemand drauf gekommen, dass, wenn man ein Sandkorn in eine Muschel steckt, jede einzelne Muschel eine Perle produziert. So kann jeder seine eigenen Perlen machen. Ich habe die Perlen nicht erfunden, aber ich habe eine Methode gefunden, wie jeder einzelne Perlen kreieren kann.“

Nicht jedes Gleichnis fällt einem unmittelbar ein. Für dieses Gleichnis mit den Perlen habe ich ungefähr drei Wochen gesucht. Aber damit werde ich nie wieder Widerstände erleben. Das ist Gold wert.

Sie können nun mit Gleichnissen den Menschen Dinge auf einer sehr tiefen Bewusstseinsebene einsichtig machen. Wenn Sie in Ihrem Unternehmen die Arbeiter dazu bringen wollen, selbstverantworlich auf die Qualität zu achten – mit einem Gleichnis schaffen Sie's. Wenn Sie Ihre Kunden überzeugen wollen, bei dem neuen Produkt einen anderen Bedienungsablauf einzuhalten, mit einem Gleichniss schaffen Sie's. Wenn Sie Mitarbeiter dazu bringen wollen, die Unternehmensziele zu Ihren eigenen Zielen zu machen, mit einem Gleichniss schaffen Sie's. Gleichnisse sind in der Lage, auch hartnäckige Nein-Fronten bei Menschen zu durchbrechen.

Gleichnisse zu finden bedarf allerdings der Übung. Aus meinen Seminaren weiß ich, dass es immer wieder Teilnehmer gibt, die verzweifelt für ein speziell zu regelndes Problem ein packendes Gleichnis suchen. Sie spüren, dass sie dadurch mit einem Schlag große Widerstände überwinden oder viel Geld sparen könnten. Untrainiert und in der Kürze der Zeit finden sie aber kein Gleichnis, das zwingend ist. Deshalb biete ich einen Service für Sie, liebe Leser, an: Sie beschreiben uns Ihr Problem und wir entwickeln für Sie das passende Gleichnis. Für nähere Details kontaktieren Sie uns unter der Adresse der Pöhm Seminarfactory. Die Adresse und Telefonnummer finden Sie auf Seite 215 dieses Buches.

3. Reden direkt ins Unterbewusstsein

So werden Sie zum Meinungsführer

Wenn Sie bisher davon ausgegangen sind, dass Sie Menschen mit Ihren Sachargumenten überzeugen können, so sollten Sie jetzt umlernen. Es gibt einen Grundsatz, der lautet:

Zuerst der Redner, dann das Anliegen.

Wenn Sie als Person nicht richtig rüberkommen, dann hat Ihr Anliegen nur noch wenig Chance, die Menschen zu überzeugen. Sie müssen zuerst als Person überzeugen, dann schifft Ihr Anliegen automatisch im Schlepptau. Die Menschen werden Ihnen alles „abkaufen", wenn sie Sie als Meinungsführer akzeptiert haben.

Was heißt Meinungsführer? Im Englischen sagt man Opinion-Leader. Das sind die Menschen, die man innerlich als Anführer akzeptiert. Menschen, die einfach wissen, wo's langgeht. Wäre das nicht eine prima Sache, innerhalb einer Rede zu erreichen, als Meinungsführer anerkannt zu werden?

Hinter der Meinungsführerschaft steckt eine Gruppenpsychologie. Menschen wollen geführt werden. Wenn Sie eine Gruppe von zehn willkürlich zusammengewürfelten Menschen im Urwald aussetzen, werden Sie beobachten, dass sich nach einer Zeit automatisch ein Führer herauskristallisiert. So wie unser direkter Vorfahre, der Affe, sucht auch der Mensch einen Rudelführer. Wenn Sie sich vor Menschen mit einer Rede exponieren, so sind Sie schon in der Pole-Position, jetzt müssen Sie nur noch ein paar Dinge beachten, um die Meinungsführerschaft auch wirklich zu übernehmen.

Meinungsführer haben bewiesen, dass sie's können.

Wie soll Ihr Publikum wissen, dass Sie auf einem Gebiet erfolgreich waren, dass Sie gewisse Dinge besser beherrschen als der Durchschnitt? Es führt kein Weg daran vorbei – Sie müssen es erzählen. Ich weiß nun zu Genüge aus meinen Rhetorikseminaren, dass die meisten Menschen enorme Schwierigkeiten haben, positiv über sich zu sprechen, ihre Erfolge beim Namen zu nennen. Sie sind der Überzeugung, dass das arrogant und überheblich wirkt. Und so verharren sie in der ihnen anerzogene Bescheidenheitsschablone. Sie bewundern zwar insgeheim andere, die mit Erfolg von ihren Stärken sprechen, aber die halten sie im Stillen für größere, wirklich gute Menschen. Die dürfen so was machen. Aber nicht ich kleine Kreatur. Ich erinnere mich beispielsweise an einen Mann in meinem Seminar, der ein Weltpatent für einsturzsichere Hochhäuser besaß. Er sprach vier Sprachen fließend, er war Inhaber einer Firma mit zehn Angestellten und in seinen vorhergehenden Jobs hatte er die gesteckten Ziele um 200 Prozent übererfüllt. Und an der Stelle, wo er sagen sollte, warum er gut ist, führt er allen Ernstes als einziges Argument an, dass er ein guter Zuhörer sei. So werden Sie leider nicht zum Meinungsführer. Meinungsführer wissen, was sie geleistet haben, und erzählen auch davon.

Bauen Sie in Ihre Rede eine Geschichte ein, die Sie mit Bravour bestanden haben (Success-Story)

Das Publikum will wissen, wo derjenige, der da vor ihnen steht, schon einmal bewiesen hat, dass er seinen Mann, seine Frau gestanden hat. Und das muss in einer Form geschildert werden, die die Leistung auch wirklich hervorhebt, und nicht etwa kleiner erscheinen lässt.

Einer meiner Kunden wurde zum Generalmanager eines Internetunternehmens berufen. Das Unternehmen war in Schräglage geraten und die Mitarbeiter waren komplett verunsichert, ob und wie es jetzt weitergehen sollte. Zusammen bereiteten wir im Rhetorik-Coaching die entscheidende 20-minütige Ansprache vor den neuen Mitarbeitern vor. Es galt, das Vertrauen in die Zukunft der Firma wieder herzustellen. Die Mitarbeiter mussten Vertrauen in den neuen Kapitän des Schiffs gewinnen. So schwer es diesem Generalmanager fiel, er musste mir nicht nur alle seine Erfolge aus der Vergangenheit erzählen, sondern diese dann auch öffentlich vor Publikum so wiederholen, dass das Publikum beeindruckt von seiner Erfolgsgeschichte war. Nach anfänglichem Zögern fand er schließlich sogar Spaß an dieser neuen Art, von sich zu erzählen. Ihm war vorher gar nicht klar gewesen, was er bisher eigentlich geleistet hatte.

Schildern Sie ohne Fähigkeiten und Leistungen so, dass sie beeeindrucken.

Positiv von sich und seiner Arbeit erzählen zu können ist eines der wichtigsten Dinge in der Rhetorik überhaupt. Nur wenn Sie von sich selbst überzeugt sind, können Sie andere von Ihrem Anliegen überzeugen. Daher eine kleine Übung für Sie:

Versuchen Sie, liebe Leser, einmal folgenden Satz laut auszusprechen: „Ich bin genial – ich bin ein klasse Typ". Sprechen Sie ihn aber bitte so, dass Sie selbst daran glauben. Wenn Sie damit Probleme haben, so sind Sie wahrscheinlich nicht auf der Position, die Sie denken verdient zu haben. Tatsache ist: Sie überzeugen viel mehr durch Ihr Auftreten, als durch Ihre Sachargumente. Wenn Sie sich selbst als Person toll finden, findet Ihr Publikum auch Ihr Anliegen toll. Das sind unterbewusste Vorgänge.

Verblüffen Sie Ihr Publikum mit interessantem Detailwissen

Diese weitere Methode für Meinungsführerschaft ist manchmal etwas aufwendiger. Sie erkundigen sich über das Publikum und referieren dann wie beiläufig über Details aus dem Fachgebiet des Publikums, nur um die Zuhörer zu verblüffen. Wenn Sie beispielsweise Futtermittelhersteller sind und vor Bauern referieren, so könnten Sie beispielsweise eine kleine Passage einbauen, wo Sie mit Wissen über Krankheitsursachen bei Milchvieh erstaunen. Da muss man sich halt schlau machen! Jedenfalls müssen Sie beim Publikum den Gedanken auslösen: Oh, das klingt aber interessant. Der weiß Bescheid.

Angenommen Sie haben ein Ingenieurbüro und Sie wollen durch eine Präsentation den Auftrag für die Sanierung der Kanalisation einer Gemeinde bekommen, so erkundigen Sie sich bereits vorher über die Details der Kanalisation und die Maßnahmen, die dort bereits früher gemacht wurden. Stellen Sie sich vor, Sie erzählen den Gemeindevertretern:

> „Sie haben in Ihrer Gemeinde genau 18,4 km Rohrkanalisation mit einem Durchmesser von 50 cm. Gelegt wurden die ersten Rohre 1974 und die erste Sanierung fand 1982 statt.“

Und das alles wussten die Gemeindevertreter bis jetzt selbst noch nicht. Damit erstaunen Sie!

Ein Kunde von mir hatte eine revolutionäre neue Technologie fürs Internet erfunden. Nun ging es darum, Kooperationspartner zum Vermarkten dieser Technologie zu finden. Im Einzelcoaching bereiteten wir eine immer wieder verwendbare Rede vor, bei der wir bewusst am Anfang eine Geschichte einbauten, die ihn als Meinungsführer etablierte. Jeder redet vom Internet, aber kaum einer kennt im Detail die Geschichte, wie dieses damals entstanden ist. Darüber machten wir uns schlau. Wenn Sie so eine Geschichte erzählen, versetzen Sie die Leute erst einmal in Erstaunen. Es geht darum, beim Publikum unterbewusst den Gedanken auszulösen: Das klingt interessant. Der weiß Bescheid. Es ist allerdings wichtig, wirklich herauszufinden, ob dieses Wissen beim Publikum noch nicht bekannt ist. Nur dann verblüffen Sie.

Die Ausnahme: Fachbegriffe zur Meinungsführerschaft

Weiter oben habe ich bereits ausgeführt, dass Sie Fachwörter möglichst immer mit einem anschaulichen Begriff ersetzen sollten. Hierfür gibt es eine Ausnahme: Wenn Sie sich als Meinungsführer etablieren wollen, können Sie systematisch aus Ihrem Fachgebiet Fremdwörter einbauen, die ein Fachwissen signalisieren. Das mag jetzt manchen als Widerspruch zu meiner vorhergehenden Aussage erscheinen. Dies ist es aber nicht, wenn Sie zwei Grundsätze beachten. Erstens: Ihre Fachbegriffe dürfen trotzdem keine Energie kosten. Das heißt, Sie geben zum Fachbegriff immer das entsprechende bildhafte Wort dazu. Zweitens: Sie müssen trotzdem möglichst nahe an der Bildersprache bleiben. Das heißt, (ansonsten) kurze und einfache Sätze bilden. Grundsätzlich bleiben natürlich weiterhin Worthülsen wie „effizient“, „innovativ“, „flexibel“ usw. verboten.

Ein Meister in diesem Gebiet ist Dr. Michael Spitzbart. Er brilliert durch ein ungemein großes Fachwissen und dokumentiert dies unter anderem durch medizinische Fachausdrücke. Aber zu jedem Fachbegriff gibt er immer das entsprechende bildhafte Wort oder einen Vergleich hinzu. Ansonsten ist seine Sprache elementar einfach und seine Sätze sind sehr kurz und bildhaft. Ein Beispielsatz von ihm:

> „… das sind äußerlich sichtbare Alterungsprozesse. Innerlich sichtbar ist die Arteriosklerose, die Gefäßverkalkung …“

Sofort nach dem Fachbegriff folgt das anschauliche Wort.

Oder an anderer Stelle:

> „… Adrenalin, das böse Stresshormon, das haut die Kerben in die Blutgefäße, und der Gegenspieler ist das Noradrenalin, das Eustress-Hormon, wenn alles flutscht, wenn alles genau so funktioniert, wie Sie es sich wünschen, obwohl Sie unter Druck stehen …“

Bringen Sie Ihr Publikum dazu, aktiv zu werden

Indem Sie das Publikum aktiv beteiligen, beteiligen Sie es auch an Ihrem Anliegen. Dieses Stilelement moderner Rhetorik hilft nicht nur, Meinungsführerschaft zu erlangen, sondern es eignet sich auch hervorragend, um das Publikum auf Ihr Anliegen einzustimmen. Geben Sie dem Publikum Anweisungen, wo es aktiv etwas tun muss.

Wenn Sie während einer Präsentation ins Publikum fragen: „Wer von Ihnen war schon mal in Amerika? Hand hoch!“ So werden wie selbstverständlich diejenigen, die schon einmal in Amerika waren, die Hand heben, und die anderen werden es bleiben lassen. Die Zuhörer sind in zwei Gruppen geteilt und im Publikum entsteht die Frage: Was passiert jetzt? Sie haben ein kleines Mini-Theaterstück inszeniert, bei dem die Zuschauer zu Akteuren geworden sind. Durch Ihre Regieanweisung „Hand hoch!“ sind Sie auf der unterbewussten Ebene als Regisseur anerkannt. Die Teilnehmer sind mit einem Schlag wieder im Lehrer-Schüler-Verhältnis. Machen Sie in Ihrer Präsentation mehrfach „Hand-Hoch-Abfragen“. Mit jeder dieser Fragen haben Sie sich ein Stück mehr als Meinungsführer etabliert. Mit Hand-Hoch-Abstimmungen steigern Sie zusätzlich die Neugier auf das darauf folgende Thema. Auch ich setze dieses Instrument bei meinen Vorträgen und Seminaren immer wieder ein. Wenn ich beispielsweise in meinem Schlagfertigkeits-Seminar erkläre, dass ein Hund nur dann einen Fehler realisiert, wenn er unmittelbar danach darauf aufmerksam gemacht wird, so frage ich vorher ins Publikum: „Wer von Ihnen hat einen Hund? Hand hoch!“

Ein Großmeister dieser Art der Meinungsführerschaft ist Anthony Robbins, der bekannteste Trainer der Welt (Tageshonorar derzeit 125.000 Dollar, falls das Ihre Frage gewesen wäre). Bei seinen Seminaren vergehen keine 15 Minuten, ohne dass sein Publikum nicht zur Handabstimmung aufgefordert wird.

Auch die Anweisung „Stehen Sie bitte alle mal auf!“ ist eine gute Möglichkeit, das Publikum zu aktivieren. Es ist egal, was jetzt als Demonstration folgt: Dadurch, dass Sie es dazu gebracht haben, etwas auf Ihr Geheiß zu tun, sind Sie auf einer unterbewussten Ebene als Regisseur anerkannt, dessen Anweisungen „man“ folgt. Das ist Psychologie. „Machen Sie bitte mal alle eine Faust!“ oder „Nehmen Sie bitte alle mal ein Blatt Papier zur Hand und rollen es zu einem Rohr!“ oder „Schließen Sie jetzt bitte mal die Augen!“… usw. Das sind alles Aufforderungen, die Sie als Meinungsführer etablieren.

Eine Teilnehmerin aus meinem Seminar arbeitete in einem Paraplegikerzentrum und wollte die Geschäftsleitung davon überzeugen, „Hippotherapie“ für die Patienten einzuführen. Hippotherapie ist eine Therapie mit Pferden, die Querschnittsgelähmten hilft, Nebenerscheinungen der Lähmung zu mildern. Neben anderen Rhetorik-Elementen hat sie in ihre Rede hervorragend das Element des Aktivwerden-Lassens mit eingebaut. Sie ließ zu Beginn ihrer Rede alle Teilnehmer im Sitzen mit beiden Füßen auf die Zehenspitzen gehen. Dann sagte sie dem Publikum: „Bitte beginnen Sie jetzt einmal, Ihre Beine zittern zu lassen.“ Sie ließ das das Publikum eine Minute lang machen, mit dem Effekt, dass sich das Zittern bei jedem aufschaukelte und verselbstständigte.

Dann fuhr sie fort, während noch alle mit ihren Beinen zitterten:

> „Das ist die Situation, die ein Querschnittsgelähmter erlebt. Sein Knie zittert plötzlich unkontrolliert. Und er kann nichts dagegen tun. Dagegen gibt es ein Medikament, das verabreicht wird. Ich lese Ihnen mal die Nebenwirkungen vor, die dieses Medikament hat: Unkonzentriertheit, Hautausschläge, Appetitlosigkeit, Übelkeit, Sehstörungen … usw. Würden Sie Ihr Kind solchen Nebenwirkungen aussetzen? *[Rhetorische Frage – Kunstpause]* Jetzt gibt es *die* Lösung: *[Kunstpause]* Hippotherapie! *[Sie schreibt es auf das Flipchart]* Das ist eine Behandlung auf Pferden. Die Ergebnisse sind wesentlich besser als bei Medikamenten und es kostet statt 280 Euro pro Behandlung nur 40 Euro pro Behandlung … ."

Bauen Sie rhetorische Wirk-Fragen ein

Sie kennen diese Techniken ja bereits: Rhetorische Wirk-Fragen sind ein starkes Element, um Ihre Meinungsführerschaft zu etablieren. Sie stellen hier eine Frage, bei der das Publikum unausgesprochen die Antwort „Selbstverständlich Ja" oder „Selbstverständlich Nein" gibt. Zum Beispiel: „Können Sie etwas dafür, in Deutschland geboren zu sein?"

Unterbewusst akzeptieren die Zuhörer Sie als denjenigen, der es einfach weiß. Setzen Sie rhetorische Wirk-Fragen regelmäßig ein. Näheres finden Sie auf S. 72 ff.

Vereinfachen Sie. Meinungsführer geben konkrete Tipps

Das Schlimmste, was Sie in einer Präsentation machen können, ist, ein Anliegen „differenziert“ betrachten zu wollen. „Einerseits so…, anderserseits aber auch so…, es könnte aber auch ganz anders sein… Das kann man aber so abschließend gar nicht beurteilen… Ich wollte nur einen Anstoß zum Denken geben…“ Das ist das Letzte, was ein Publikum von einem Meinungsführer hören will! Sie brauchen glasklare Botschaften, auch wenn Sie sich damit einige im Publikum vielleicht als Feinde schaffen. Das ist immer noch um ein Vielfaches besser, als alle gleichgültig zu lassen.

Wenn Sie über Aktiensparen referieren sollen, dann muss der Zuhörer klar von Ihnen gesagt bekommen, wo Sie stehen und welchen Tipp Sie geben. Eine Aussage wie: „Aktiensparen kann eventuell bei gutem Verlauf gute Rendite bringen, aber es besteht auch die Gefahr von Verlusten“ ist keine Aussage, die mich aufspringen lässt, um Ihnen nachzufolgen. Besser eignet sich folgende Botschaft, bei der Sie sich auf eine konkrete Meinung festgelegt haben: „Aktiensparen bringt Ihnen ein Vermögen“ oder aber „Aktiensparen treibt Sie in den Ruin“. Mit solchen vereinfachenden Botschaften etablieren Sie sich als Meinungsführer.

Eine Kunde von mir, der in mehreren Aufsichtsräten von börsennotierten Aktiengesellschaften saß, sollte ein Referat über „Ad-hoc-Publizität“ halten. Darunter versteht man die Pflicht von Aktiengesellschaften, kursbeeinflussende Tatsachen sofort zu veröffentlichen. Der Entwurf seiner Rede, den er mit zum Einzelcoaching brachte, wurde dem Thema zwar gerecht, hätte aber niemanden zu Beifallsstürmen hingerissen. Bei dieser Thematik sind die Vorschriften tatsächlich sehr schwammig und in alle Richtungen interpretierbar. Und so hat er es auch dargestellt. Nur, das will keiner von einem Meinungsführer hören. Meinungsführer sagen mir, was ich tun soll, was ich vorher noch nicht getan habe.

Wir haben dann in die Rede mehrere ganz klare Tipps eingebaut. Zum Beispiel: „Wenn bei Ihnen Zweifel bestehen: Sollen wir ad hoc publizieren oder nicht? Dann gilt folgende Regel: Im Zweifelsfall immer publizieren.“ Da hab ich eine klare Handlungsgrundlage, da weiß ich, was ich tun soll.

Der Körper spricht zuerst

Man hat Untersuchungen gemacht, die belegen, dass das Urteil über eine Rede nur zu 20 Prozent vom Inhalt aber zu 80 Prozent von der Körpersprache des Redners bestimmt wird. Zur Körpersprache zählt wie Sie stehen, mit welcher Stimme Sie sprechen und wie Sie die Zuhörer im Blick halten.

In meinen Seminaren mache ich immer wieder einen Versuch: Ich spreche einen Satz einmal mit einer Köperhaltung, die großes Selbstbewusstsein ausdrückt, und einmal mit geknicktem Selbstbewusstsein. Es ist erstaunlich, wie die Botschaft für die Zuschauer in der zweiten Version so spürbar in der Wirkung nachlässt.

Im Seminar arbeite ich intensiv an der Körperhaltung. Es ist verblüffend zu beobachten, wie einzelne Teilnehmer, die am Anfang des Seminars eine schwache Körperhaltung haben, am Ende des Seminars derart ausgetauscht sind, dass man denkt, ein ganz anderer Mensch spricht.

Nun gibt es mehrere Tricks, wie Sie Selbstbewusstsein ausstrahlen können obwohl Sie sich vielleicht nicht danach fühlen. Zunächst drei Methoden, wie Sie Ihre Körperhaltung auf Baumstamm-Niveau bringen.

Der Trick mit dem Haken

Für diese Methode müssen Sie stehen. Gehen Sie jetzt leicht in die Knie und lassen Sie die Hände fallen. Stellen Sie sich vor, oben an Ihrem Kopf ist ein Haken befestigt.

Jetzt kommt von oben ein Seil mit einer Schlaufe daran. Das Seil ist an einem Kran aufgehängt. Der Kranführer führt das Seil jetzt in den Haken ein und beginnt, das Seil Millimeter für Millimeter anzuziehen. Sie spüren ein leichtes Ziehen in der Schädeldecke. Noch haben Sie Luft in den Kniekehlen und richten sich langsam auf. Schauen Sie nach oben, in Richtung des Seils. Geben Sie dem Seil nach, so weit es irgend geht. Stellen Sie sich auf die Zehenspitzen, gehen Sie, so weit Sie können, mit dem Kopf Richtung Seil. – Lassen Sie sich dann auf die Fußballen zurückfallen!!! So wie Sie jetzt stehen, haben Sie das Maximum an selbstbewusster Haltung erreicht.

Der Trick mit der Wand

Dieser Trick ist sehr einfach. Sie stellen sich mit dem Rücken zur Wand und achten darauf, dass Ihr Rücken in seiner ganzen Länge flach an der Wand angedrückt ist. Die Fersen sollten ebenfalls Kontakt zur Wand haben. Nun laufen Sie in dieser Körperposition von der Wand weg. So haben Sie ebenfalls die optimale Körperhaltung. Nach ein paar Mal Üben können Sie auch ohne reale Wand, nur durch die Vorstellung, Ihren Körper an einer imaginären Wand ausrichten.

Der Trick mit dem Korb

Haben Sie schon einmal Bilder von Afrikanerinnen gesehen, die Lasten auf ihrem Kopf transportieren? Deren Körperhaltung ist absolut kerzengerade. Um Balance zu halten, können sie gar nicht anders. Und das ahmen wir nach. Sie stellen sich vor, Sie hätten einen Korb auf Ihrem

Kopf, in dem eine große Melone liegt. Jetzt laufen Sie mit diesem Korb einen Schritt nach vorne und einen Schritt zurück und beachten dabei, dass die Melone nicht von Ihrem Kopf fallen darf. Mit der gedachten Melone auf dem Kopf stellen Sie sich vor Ihr Publikum.

Damit Sie absolut selbstbewusst wirken, kommen jetzt neben der geraden Baumstamm-Körperhaltung noch zwei Dinge hinzu:

Erstens halten Sie ständig den Blickkontakt zum Publikum, das heißt, Sie schauen unerbittlich in die Runde. Zweitens sollten Sie mit einer bewusst lauten Stimme sprechen. Das schreibt sich so leicht, wird aber leider sehr oft nicht umgesetzt. Lauter sprechen, als Sie es normalerweise tun, ist eine Sache des Mutes. Tun Sie es wirklich und Sie werden von der Wirkung verblüfft sein: Sie wirken überzeugend. Es funktioniert tatsächlich.

Wenn Sie diese drei Parameter beachten (aufgerichteter Körper, stabiler Blickkontakt und laute Stimme), so wird man Sie für selbstbewusst halten, egal wie Sie sich fühlen.

Wohin mit den Händen?

Viele Redner haben Probleme mit ihren Händen. Beim alltäglichen Reden wissen sie, wohin mit den Händen, aber sobald sie vor Publikum stehen, fängt das Drama an. Verlegen werden die Hände hinter dem Rücken verschränkt, in die Hüfte gestützt, in die Hosentasche gesteckt, oder wie Fußballspieler beim Freistoß hängend vor dem Körper zusammengehalten. Ziel beim freien Reden ist es, Ihre Hände komplett zu vergessen. Sie reden und gestikulieren und wissen danach gar nicht mehr, was Sie mit den Händen gemacht haben. Weil das aber leichter gesagt als getan ist, gebe ich hierzu einen einfachen Tipp: Nehmen Sie zunächst die Hände vor den Körper angewinkelt auf Bauchnabelhöhe und halten Sie sie locker zusammen. Als zweite Möglichkeit können Sie immer einen Stift in den Händen halten. Aber auch hier sollten Sie wieder beachten, dass er in Höhe des Bauchnabels ist und dass Sie sich nicht verkrampft daran festhalten, sondern ihn locker in der Hand halten.

Ich möchte Sie an dieser Stelle auffordern, jetzt aufzustehen und die Körperhaltungsmethoden auch wirklich auszuprobieren. Denn: Nur durch Lesen wird sich keine Verbesserung einstellen. Also stehen Sie jetzt bitte auf und halten Sie Ihre Hände locker in Bauchnabelhöhe zusammen. Sie müssen es wirklich auch tun, sonst stehen Sie irgendwann wieder vor Publikum und Sie werden an alles andere denken, als an diese Regeln, weil Sie sie nicht trainiert haben. Das ist etwa dasselbe, als wenn Sie versuchen würden, nur durch Bücherlesen Skifahren zu lernen.

Falls Sie tatsächlich ein besserer Redner werden wollen, so empfehle ich Ihnen unbedingt den Besuch eines Seminars. Dort werden Sie gezwungen, die Dinge auch einzutrainieren, die Sie hier nur passiv konsumieren. Ich empfehle Ihnen sogar, mindestens zweimal pro Jahr ein Rhetorikseminar zu besuchen. Die Erfahrung zeigt, dass die eingeschliffenen Seminarübungen ohne Wiederholung nach einiger Zeit wieder verblassen. Das ist wie bei einem Auto, das Sie auf einem absolut ebenen Flughafenrollfeld geradeaus lenken. Lassen Sie das Lenkrad los, fährt das Auto nicht etwa geradeaus weiter, sondern es kommt unmerklich vom ursprünglichen Weg ab. Dem Auto geht es genauso wie Ihnen. Ohne Feedback und externe Korrektur kommen Sie vom Weg ab.

Große Gesten

Die Hände „untergebracht" zu haben ist das eine, mit den Händen zu reden ist das andere. Wirksame Rhetorik lebt von Gesten. Die meisten großen Redner nehmen ihre Hände zu Hilfe, um ihre Aussagen zu unterstreichen. Diese Aufforderung alleine genügt leider nicht, damit Sie ein gestenreicher Redner werden. Am besten schauen Sie sich packende Redner einmal an und konzentrieren sich auf deren Gebaren mit ihren Händen. Das ist im wahrsten Sinne des Wortes „ergreifend". Sie ballen die Fäuste, zeigen ins Publikum, heben die Hände ins Publikum, schlagen sich auf die Brust, schlagen die flache Hand auf ihre Faust, schnipsen mit dem Finger und vieles mehr. Ahmen Sie diese Gesten nach und lassen Sie Ihre Hände dann langsam ein Eigenleben führen. Dabei nicht bescheiden bleiben, sondern zelebrieren Sie die große Geste! Dabei beachten Sie bitte:

Die Hände sollen wandern, die Beine bleiben aber stabil.

Stellen Sie sich vor, Sie würden Ihre Rede vor Kindern halten. Denen beschreiben Sie die Sache wahrscheinlich auch nicht mit an den Hüften angelegte Armen.

Zur Übung sprechen Sie bitte folgenden Satz einmal nach und schnippen Sie bei jedem fett gedruckten Wort mit den Fingern:

> „Das haben wir noch **niemals** gemacht, das machen wir auch **heute** nicht, das werden wir auch **niemals** tun."

Sehen Sie sich das Bild von Evita Peron an, der früh verstorbenen Frau des ehemaligen argentinischen Staatspräsidenten. Hier erkennen Sie nur an ihren Gesten, dass diese Frau Charisma versprüht. Mit großen Gesten erreichen Sie dies.

Photo von Fusco (Archivo General de la Nacioń, AGN). Aus: *Evita, Bilder eines Lebens.* Copyright © Rütten & Loening GmbH, 1997. Mit freundlicher Genehmigung.

4. Wie Sie auch skeptische Zuhörer dazu bewegen, für Ihr Anliegen zu stimmen

Es gibt verschiedene Anlässe eine Rede zu halten. Sie können eine Jubiläumsrede halten, eine Informationsrede oder eine Überzeugungsrede. Die Überzeugungsrede ist die anspruchsvollste Aufgabe.

Worum geht es bei Überzeugungsreden? Sie haben eine Sitzung und wollen ein Projekt vortragen, von dem Sie gerne hätten, dass Ihnen eine Mehrheit zustimmt. Es sind aber zwei darunter, die sind schon vorher bis zur letzten Faser ihres Körpers überzeugt, dass es Blödsinn ist, was Sie da beantragen. Um die geht es in erster Linie nicht. Wir verschwenden zu viel Energie, wenn wir die auch noch zu überzeugen versuchen.

Dann gibt es zwei, die sind von vornherein voll überzeugt, dass Ihre Sache prima ist. Um die geht es auch nicht, die sind schon überzeugt.

Und jetzt sitzen da aber noch acht, die wissen nicht so recht. Sie geben zwar nach außen vor, sie hätten eine feste Meinung, das verlangt ihr Selbstbild, aber im Inneren sind sie unentschlossen. Und nur um diese Zuhörer geht es. Hierauf konzentrieren wir unsere Energie. Von den acht brauchen wir zum Schluss nur fünf. Wir wollen eine Mehrheit, niemals alle.

Überzeugungsreden halten heißt: Menschen, die vor Ihrer Rede gegen Sie oder neutral eingestellt sind, kraft Ihrer

Sprache von Ihrem Anliegen so zu überzeugen, dass sie ihre Skepsis ablegen. Das ist eine hohe Kunst.

Im Folgenden finden Sie Regeln zusammengefasst, die die Wahrscheinlichkeit, Menschen für Ihr Anliegen zu gewinnen, dramatisch erhöhen.

Nur der Vorteil zählt

Für jedes Anliegen, das Sie öffentlich vertreten, müssen Sie plastisch schildern:

> Welche Vorteile hat mein Anliegen für das Publikum oder welche Nachteile lassen sich vermeiden.

Dieser Grundsatz klingt so einfach, aber ich weiß aus meinen Rhetorikseminaren, dass die intellektuelle Einsicht in diesen Merksatz meistens leider nicht genügt, um es auch wirklich in die Realität umzusetzen. Die meisten Redner machen sich erstens wenig Gedanken um die Interessen des Publikums und zweitens schildern sie die Vorteile und Nachteile nicht plastisch genug.

Angenommen, Sie präsentieren in einer Gemeindeversammlung und wollen, dass ein Jugendzentrum gebaut wird. Jetzt haben Sie zufällig selbst einen 14-jährigen Sohn, und den nehmen Sie als anschauliches Beispiel, um deutlich zu machen, wie notwendig und vorteilhaft ein Jugendzentrum wäre. Aber leider schießen Sie damit am Ziel vorbei. Denn, was geht den Rest der Gemeindeversammlung Ihr pubertierender Sprössling an? Das ist doch *Ihr* Problem, denken die. Sie müssen hier überlegen, was der Nutzen für die Gemeinderatsmitglieder, die da vor Ihnen sitzen, ist. Sprechen Sie natürlich von *deren* Kindern! Sprechen Sie von der Gefahr, dass *deren* Söhne und Töchter in Kontakt mit Drogen kommen, weil sie nicht wissen, wo sie sich die Zeit vertreiben sollen. Sprechen Sie beispielsweise auch davon, wie gut ein neues Jugendzentrum bei der Gemeinde so kurz vor der nächsten Wahl ankommen würde. Versetzen Sie sich in den Kopf eines typischen Zuhörers und stellen Sie sich aus seinem Blickwinkel die Frage: „Was habe ich davon?“

Wenn Sie dasselbe Anliegen vor unterschiedlichem Publikum vortragen, so sind die Vorteile nicht zwingend immer die gleichen. Deshalb müssen Sie sich vorher überlegen:

What makes them tick?

Oder anders ausgedrückt: Was ist die Mohrrübe für das Publikum, das gerade vor mir sitzt? Wenn Sie eine Verkaufspräsentation für eine brandneue Computeranlage vor einem Sportverein halten, so haben die eine andere Mohrrübe als beispielsweise eine Produktionsfirma für Luftfilteranlagen. Stellen Sie sich vorher die Frage: Welche Werte gelten für mein Publikum? Was ist denen wichtig? Dem Sportverein ist sicherlich das Gemeinschaftsgefühl wichtig, die sorgen sich um neue junge Mitglieder, ihnen ist Kondition und Gesundheit wichtig, die wollen Erfolg bei Wettkämpfen… usw. Bei der Produktionsfirma sieht es wahrscheinlich anders aus: Da geht es sicherlich um den Gewinn der Firma, um neue Kunden, das Renommee in der Öffentlichkeit, die Zufriedenheit der Mitarbeiter, Zufriedenheit der Kunden… usw.

Wenn Sie sich vor der Präsentation hartnäckig die Frage stellen: „Was ist meinem Publikum wahrscheinlich wichtig“, dann spuckt Ihr Hirn Antworten aus. Allein mit gesundem Menschenverstand bekommen Sie nach einiger Zeit genau die Antworten, die bereits für Ihre Argumentation genügen.

Und je nachdem müssen Sie dann Ihre Präsentation unterschiedlich aufbereiten. Was ist in *deren* Köpfen wichtig? Und dann konstruieren Sie den Bogen von Ihrer Computeranlage zu den Werten, die in Ihrem Publikum regieren.

Hier eine Übung. Bitte versuchen Sie nur mit Ihrem gesunden Menschenverstand die wichtigen Dinge für folgende Gruppen vorauszusagen.

Eine rechte politische Partei, ohne Regierungsverantwortung. Was ist dieser Gruppe wahrscheinlich wichtig? (Werte und Regeln in dieser Gruppe.)

____

____

Selbstständige Frauen in einem Wirtschaftsclub. Was ist dieser Gruppe wahrscheinlich wichtig?

____

____

Chefärzte in einem Großkrankenhaus. Was ist dieser Gruppe wahrscheinlich wichtig?

____

____

Überprüfen Sie die Logikkette

Ein Phänomen, das ich immer wieder in meinen Seminaren beobachten kann, ist, dass die Logikkette nicht eingehalten wird. Es werden bildhafte Vergleiche geliefert, die in sich nicht logisch sind. Es werden Anschauungsmaterialien eingesetzt, die nicht zwingend mit dem Argument zu tun haben. Es werden Szenarien geschildert, die nicht mit der Botschaft zusammenpassen. Es werden Argumente hintereinander gefügt, die nicht ineinander greifen.

Hier ein etwas verkürztes Beispiel aus meinem Seminar: Ein Teilnehmer wollte anschaulich machen, wie gut die Motivation in seinem Team ist. Hierzu erzählte er ein Szenario:

> „Stellen Sie sich vor, Sie sind in einem Boot, das Boot geht unter, Sie haben nur ein Ziel: Sie wollen an die Wasseroberfläche. Das ist die Motivation in unserem Team."

Das gezeichnete Szenario hat keine Logikverbindung mit der gewünschten Botschaft. Das Problem ist, das der durchschnittliche Zuschauer sich fragt: Was hat denn das untergehende Boot mit der Motivation zu tun? Das ist nicht schlüssig, da ist ein Logikbruch. Und überhaupt: Ist deren Abteilung vielleicht schon abgesoffen?

Ein anderes Beispiel: Ein Teilnehmer hielt eine Rede gegen die Privatisierung von Staatsbahnen. Er erzählt zu Beginn eine Geschichte, wie ein kleiner Junge im Abteil eines Zuges in die Gepäckablage klettert und dort an etwas zieht. Der Zug beginnt ruckartig zu bremsen. Der kleine Junge hatte die Notbremse erwischt. Der kleine Junge war der Redner selber. Die Geschichte war wunderbar erzählt

– nur, was hat das mit der Privatisierung der Staatsbahnen zu tun? Ein eindeutiger Logikbruch.

Eine andere Teilnehmerin malte, bevor sie zu reden begann, eine Taschenlampe an den Flipchart. Dann waren ihre ersten Worte: „Wir suchen einen neuen Freiwilligen in unserem Verein". Offensichtlich sollte die Taschenlampe das „suchen" unterstreichen. Aber auch hier: Das sticht nicht, das ist nicht zwingend, das unterstützt die Aussage nicht, da ist ein Logikbruch.

Ich könnte noch unzählige solcher Beispiele aufzählen. Viele Redner haben zu Beginn eines Seminars noch kein Gespür für die Einhaltung der Logikkette. Mir selbst ist bei den unzähligen Rhetorikseminaren, die ich besucht habe, nur ein einziges Mal ein Trainer begegnet, der in der Lage war, seine Teilnehmer auf einen Logikbruch aufmerksam zu machen. Meistens wird die Seligkeit billiger verkauft, als sie zu haben ist! Wenn Sie Ihre Präsentation halten, machen Sie mit einem einzigen Logikbruch eine ansonsten gelungene Rede zunichte. Sie ernten nur noch Mitleid und höfliches Schulterklopfen. Im Laufe eines Seminars, wenn Sie mehrfach auf einen Logikbruch aufmerksam gemacht werden, entwickeln Sie ein Gespür für die Logikkette.

Wie kann man das nun umgehen? Fragen Sie sich bei jedem rhetorischen Element, das Sie einsetzen:

> Wirkt das logisch? Hat das eine mit dem anderen zwingend etwas zu tun?

Wenn Sie sich das selbst nicht zutrauen, dann ziehen Sie mehrere Kollegen oder Familienmitglieder hinzu und tragen ihnen Ihre Rede vor. Lassen Sie die dann ein Feedback zu der Frage geben: Wirken alle Abfolgen logisch?

So verkaufen Sie Zahlen

Empfinden Sie einen Preis von 2.500 Euro für ein Gemälde als viel? Angenommen, Sie sähen dieses Gemälde von einem Ihnen noch unbekannten Künstler in einer Galerie. Ihnen gefällt das Bild außerordentlich gut. Jetzt schauen Sie sich das Bild links davon an, erkennen, dass es vom selben Künstler ist, und sehen den Preis 12.000 Euro. Dann schauen Sie rechts und sehen ein anderes Bild vom selben Künstler für 16.000 Euro. Jetzt ist Ihr Urteil wahrscheinlich gefällt. Das Bild ist ein Schnäppchen.

Nehmen wir aber jetzt einmal an, das Bild links würde 1.100 Euro kosten und das Bild rechts nur 450 Euro. Wie wäre jetzt Ihre Einschätzung? Höchstwahrscheinlich würden Sie es als überteuert empfinden. Das ist doch spannend. Ob wir einen Preis als hoch oder niedrig empfinden, entscheidet der Vergleichspreis, den wir daneben gehalten bekommen. Aus diesem Phänomen leiten wir eine Regel für Zahlenpräsentationen ab:

Große Zahlen erscheinen klein und kleine Zahlen erscheinen groß, wenn Sie die entsprechenden Vergleichszahlen gegenüberstellen.

In Zukunft machen Sie Folgendes: Angenommen Sie präsentieren ein Garagenbauprojekt und Sie kommen zum Punkt der Kosten. In diesem Fall möchten Sie natürlich die Kosten niedrig erscheinen lassen. Also stellen Sie zunächst einen Vergleichspreis gegenüber, der höher ist. Es gibt unterschiedliche Möglichkeiten:

> „Herr Bauherr, Sie haben sich kürzlich einen neuen BMW gekauft, dieser BMW hat 49.000 Euro gekostet. Wenn Sie keine Garage bauen und Ihr neues Auto steht das ganze Jahr draußen, so gibt es Untersuchungen, die haben den Wertverfall des Auto berechnet, wenn es ungeschützt Wind und Wetter ausgesetzt ist. In den ersten fünf Jahren wird Ihr Auto durchschnittlich jährlich 2.000 Euro weniger wert. Das macht in fünf Jahren 10.000 Euro, die Sie verlieren. Wenn Sie sich danach wieder ein neues Auto kaufen, ist es am Ende der fünf Jahre wieder dasselbe. Das heißt, in 10 Jahren 20.000 Euro. Eine Garage verhindert diesen Werteverfall. Die Kosten Ihres Garagenneubaus belaufen sich auf 16.000 Euro.“

Jetzt wirkt der Preis der Garage als niedrig, weil dem vorher ein Preis von 20.000 Euro gegenübergestellt wurde.

Eine andere Möglichkeit wäre:

> „Herr Bauherr, Sie haben hier ein Haus, erbaut vor 18 Jahren. Das Haus hat einen derzeitigen Marktwert von 280.000 Euro. Andere Häuser in der Umgebung sind durchschnittlich teurer. Ich habe mich mal erkundigt. Der durchschnittliche Marktwert der vergleichbaren Häuser in diesem Viertel beträgt 295.000 Euro. Der wesentliche Unterschied zu Ihrem Haus ist: Die haben alle eine Garage. 15.000 Marktwertunterschied, nur weil Sie keine Garage haben. Der Garagenneubau kostet 16.000 Euro. Wenn Sie den Wertezuwachs abziehen, dann wären das netto 1.000 Euro, die Sie die Garage kosten würde.“

Wo Sie die Vergleichszahlen herbekommen, ist eigentlich egal. Es muss nur eine Vergleichszahl sein, die für den Zuhörer logisch erscheint. Beachten Sie auch hier unbedingt die Logikkette. Wenn Sie beispielsweise sagen würden: „Herr Bauherr, Ihr Haus hat jetzt einen Marktwert von 280.000 Euro, aber Ihre Garage würde nur 16.000 Euro kosten.“ So haben Sie zwar eine Vergleichszahl gegenübergestellt, aber die Logikkette ist nicht schlüssig. 16.000 kommt mir nicht wenig vor, nur weil das Haus 280.000 Marktwert hat. Was hat das eine mit dem anderen zu tun?

Dieses Vergleichszahlenspiel können Sie nicht nur für Preise einsetzen. Es funktioniert auch für andere Zahlen. Angenommen, Sie möchten, dass Ihre Mitarbeiter 15 Minuten täglich Überstunden machen. Versuchen wir, dies mit dem vorhergehenden Prinzip als wenig erscheinen zu lassen:

> „Liebe Mitarbeiter, Sie alle kennen unsere Gewinnzahlen vom letzten Jahr. Es sieht nicht rosig aus. Wir haben einen Gewinneinbruch von 50 Prozent gehabt. Was uns zwar nicht beruhigt, aber doch eine Erklärung liefert, ist: Der ganzen Branche ist es nicht viel besser ergangen. Und die anderen Betriebe der Branche haben reagiert. Die haben inzwischen Maßnahmen ergriffen. Ich habe mich mal informiert, was die gemacht haben. Davon können wir lernen. In fast allen Betrieben haben dort die Mitarbeiter akzeptiert, Überstunden zu machen. Das ist auch das, worum ich Sie bitten möchte. Schauen wir uns mal an, wie die anderen das gemacht haben: Bei der Kleist AG machen sie pro Tag 30 Minuten Überstunden. Bei der Müller GmbH machen sie 35 Minuten Überstunden. Und bei der Franzen AG machen die Mitarbeiter sogar 60 Minuten Überstunden. *[Kunstpause]* Ich habe mir für unseren Betrieb eine Überstundenzeit von 15 Minuten vorgestellt.“

Denselben Trick könnten Sie auch umgekehrt anwenden und 15 Minuten Überstunden als viel erscheinen lassen. Nehmen wir an, Sie wären Gewerkschaftsvertreter in diesem Betrieb. Legen Sie das Buch nun für einen Moment zur Seite und überlegen Sie sich, durch welche Vergleichszahlgegenüberstellung Sie dies erreichen könnten. (Tun Sie es wirklich!).

Ein anderes Beispiel: Ihr Kind hat in der Schule eine 5 bekommen und „verkauft" Ihnen das Ergebnis:

> „Papa, Mama, eine Katastrophe ist passiert: 80 Prozent in unserer Klasse hatten eine Note schlechter als 5,2. Ich bin einer der ganz wenigen mit einer 5,0."

Mit derselben Methode können Sie auch ein Hochhaus von 40 Metern entweder als hoch oder aber als niedrig erscheinen lassen, ein Personengewicht von 70 Kilogramm als schwer oder leicht. Sie können den Kursanstieg von 15 Prozent bei einer Aktie als viel oder wenig erscheinen lassen, oder eine Sommertemperatur von 20 Grad Celsius als heiß oder kalt.

Kommen wir noch einmal zurück auf die Rede von Pfarrer Sieber, mit der er das Parlament überzeugte, für sein Selbsthilfe-Drogendorf zu stimmen. Im Anschluss an Pfarrer Sieber ging der Parlamentsabgeordnete Hugo Wick ans Rednerpult. Pfarrer Sieber hatte den Teil der Kosten für das Drogendorf in seiner Rede ausgespart. Dies erledigte Wick für ihn. Hier eine Passage aus seiner Rede:

> „… Ich habe die Zahlen zusammengerechnet. Ich habe den Kapitalzins dazugezählt. Ich habe das durch die Anzahl Personen geteilt, also etwas ganz Gewöhnliches, das wir hier in diesem Hause immer machen … Dann kostet ein solcher Insasse, Patient, Mensch in diesem Selbsthilfedorf etwa 30.000 Franken im Jahr. Wenn Sie diesen Betrag mit dem für einen Knaben oder ein Mädchen in einem staatlichen Waisenhaus vergleichen – bedeutend weniger problemati-

sche Menschen –, dann ist das weniger als die Hälfte, denn diese kosten in Basel über 80.000 Franken pro Jahr.“

Erkennen Sie das Prinzip der Vergleichszahlen wieder? Sie können sicher sein, dass das zum Vergleich herangezogene Waisenhaus in Basel eines der teuersten der Schweiz ist. Um griffige Vergleiche zu finden, muss man sich halt vorher schlau machen. Da erkundigen Sie sich beim statistischen Bundesamt, wie viel ein Platz in verschiedenen sozialen Einrichtungen pro Jahr kostet. Jetzt nehmen Sie sich natürlich die Zahl, die am höchsten liegt und gegen die die von Ihnen zu vertretende Zahl dann lächerlich klein wirkt.

Die Vergleichszahl ist hier an zweiter Stelle genannt worden. Hier hätte sich der Redner noch verbessern können. Denn gemäß der Regel der Spannungssteigerung gilt:

Die Vergleichszahl sollen immer zuerst genannt werden, danach erst Ihre Zahl.

Dadurch erreichen Sie mehr Spannung, eine größere Überraschung und damit eine bessere Wirkung.

Ich will noch einmal darauf aufmerksam machen, wie wichtig die Logikkette gerade auch bei Vergleichszahlen ist. Die Vergleichszahl muss als logische, schlüssige Vergleichsgröße empfunden werden. Wenn der Redner gesagt hätte: „Vergleichen wir die Kosten mit denen, die die Förderung eines Hochbegabten jährlich ausmacht, dann sind das 120.000 Franken pro Jahr.“ Dann wirkt der Vergleich nicht mehr. Hochbegabtenförderung und Hilfe für Drogenabhängige sind zwei unterschiedliche Paar Stiefel.

Der Trick mit der „Horrorlösung"

Die Regel für Vergleichszahlen können wir erweitern. Mit dem Vergleichsprinzip können Sie dem Publikum jeden Vorschlag schmackhaft machen.

Stellen Sie Ihrer Lösung als Scheinalternative erst eine „Horror-Lösung" gegenüber.

Angenommen, Sie halten eine Präsentation, bei der es Ihr Ziel ist, die Geschäftsführung davon zu überzeugen, zwei neue Mitarbeiter für Ihre Abteilung einzustellen.

Jetzt beschreiben Sie in anschaulichen Farben die dramatische Situation in Ihrer Abteilung: Arbeitsüberlastung, Projektstau, blanke Nerven des Teams, drohende Konventionalstrafe. Und jetzt als Schlussfolgerung:

> „Die Lösung sieht so aus: Wir brauchen für unsere Abteilung vier neue Mitarbeiter. Damit geht's wieder mit voller Kraft voraus. Wir haben uns das durchgerechnet: Vier neue Mitarbeiter wäre die ideale Lösung. Wir würden den Materialdurchfluss erhöhen, die Projekte wären doppelt so schnell fertig, das Team könnte endlich Überstunden abbauen und damit hätten wir auch noch mehr Zeit für die Kundenpflege übrig. Nur: Vier neue Mitarbeiter, das ist eindeutig zu teuer. Das können wir uns nicht leisten. Wir haben nach anderen Möglichkeiten gesucht und haben's dann mal mit drei und dann mit zwei neuen Mitarbeiter durchgerechnet. Das Ergebnis: Es würde auch mit zwei neuen Mitarbeitern funktionieren. Mit zwei Mitarbeitern haben wir zwar nicht die Ideallösung, aber die beste Kompromisslösung."

Haben Sie die Vorgehensweise erkannt? Der Vorschlag mit vier neuen Mitarbeitern wurde nur deswegen vorne angestellt, damit die Alternative mit zwei Mitarbeitern plötzlich als attraktiv empfunden wird.

Um eine Formulierungshilfe für solche Scheinalternativen zu bekommen, gibt es einen Triggersatz:

„Prinzipiell bestehen zwei Möglichkeiten:
Entweder … oder…“

Eine Teilnehmerin meines Rhetorikseminars erzählte mir bei diesem Thema die Geschichte ihrer ehemaligen Firma, in der man genau dieses Prinzip umgesetzt hatte. Der Inhaber der Firma hatte seine Mitarbeiter dazu gebracht, eine Gehaltssenkung zu akzeptieren, indem er dieser vorher als Scheinalternative ein Horrorszenario gegenüberstellte. Der Firma ging es zu dem Zeitpunkt nicht so gut und der Inhaber hatte mit dem Konkursverwalter Kontakt aufgenommen. Ob der Konkurs wirklich bevorstand oder nicht, weiß bis heute niemand. Jedenfalls kann man es dem Firmeninhaber nicht verbieten, mit dem Konkursverwalter Kontakt aufzunehmen. Er eröffnete seine Rede vor den erstaunten Mitarbeitern mit dem ersten Szenario:

> „Ich habe mit dem Konkursverwalter Kontakt aufgenommen. Uns geht es nicht so gut. Die Fima geht unter…“

Dann schilderte er die Vorgehensweise, wie die Firma liquidiert werden könnte, mit Sozialplan und allen Details. Und dann kam seine zweite Version:

> „Es gäbe da noch eine Möglichkeit, die Firma zu retten. Auch das habe ich mit dem Konkursverwalter besprochen: Wir könnten weiterarbeiten, wenn Sie alle eine 10-prozentige Gehaltssenkung akzeptieren würden…“

Das Prinzip ist klar: Sie beschreiben vor Ihrem eigentlichen Anliegen eine Scheinlösung, bei der einem das Gruseln kommt. Damit wird Ihre Wunschlösung, die danach folgt, appetitlicher. Hier noch ein Beispiel in Kurzform zur Verdeutlichung:

Ihr Anliegen, eine Mieterhöhung:

> Wir können eine Mieterhöhung vermeiden. Sie müssen in Zukunft selbst die Straße kehren, den Rasen mähen, den Hausflur putzen. Wir machen einen Einsatzplan für alle Mieter. Es gäbe da aber noch einen zweiten Vorschlag: Sie akzeptieren eine Mieterhöhung von 39 Euro.

Zahlen können Sie durch Multiplikation oder Division groß oder klein erscheinen lassen.

Multiplizieren Sie eine Zahl, die groß erscheinen soll, und dividieren Sie eine Zahl, die klein erscheinen soll. Wenn Sie in Ihrer Gemeinde für 150.000 Euro eine Umgehungsstraße bauen wollen, dann können Sie vorrechnen: Das bedeutet pro Einwohner nur 35 Euro im Jahr. Wenn ein Jahresabonnement 200 Euro kostet, dann rechnen Sie vor, dass das pro Tag nur 0,60 Euro bedeutet. Wenn Sie in Ihrer Firma einen neuen Mitarbeiter wollen, können Sie erwähnen, dass das nur 0,9 Prozent im Jahresbudget ausmacht.

Auch umgekehrt können Sie operieren: Wenn Zahlen groß erscheinen sollen, multiplizieren Sie sie. Nehmen wir noch einmal den obigen Fall, wo die Mitarbeiter 15 Minuten Überstunden täglich machen sollen. Wenn Sie jetzt der Gewerkschaftsvertreter wären, so könnten Sie ausrechnen, was das pro Jahr bedeutet. Dann könnten Sie mit Entrüsten der Firmenbelegschaft entgegenschleudern:

> „Die verlangen von euch, dass ihr pro Jahr 62 Stunden umsonst arbeitet. Da sagen wir ganz klar Nein!"

Eine Rhetorikteilnehmerin berichtete mir einige Tage nach dem Seminar, wie Sie einen Budgetüberziehung von einer viertel Million sogar als Erfolg verkaufen konnte. Ihre Aufgabe war es, ein Personalfest eines Großunternehmens zu organisieren. Sie hatte dazu eine Budget von 500.000 Euro zur Verfügung. Gekostet hatte es zum Schluss 744.000 Euro. Sie präsentierte das Ergebnis folgendermaßen: Zunächst erzählte Sie von dem Erfolg des Festes. Wieviel Kilogramm Fleisch. Wieviel Badewannen Bier und Wein konsumiert wurden. Statt der Erwarteten 1000 Personen waren 1500 Leute zum Fest gekommen. Und jetzt kündigte Sie eine „frohe Botschaft" an:

> „Wir hatten für jeden Gast ein Budget von 500 Euro *[Sie schrieb es mit großen Lettern auf den Flipchart]* Tatsächlich haben wir nur *[Wieder schreibt sie auf den Flipchart]* 496 Euro gebraucht!"

Es folgte ein einmütiger Applaus der Geschäftsleitung.

Bei Abstimmungen: Lassen Sie den Gegner aktiv werden

Wenn Sie abstimmen lassen, beachten Sie, dass immer diejenigen, die gegen Ihr Anliegen votieren, aktiv werden müssen. Von der Trägheit der Masse können Sie immer sicher ausgehen. Um eine Mehrheit für Ihr Anliegen zu bekommen, brauchen Sie zum Schluss lediglich 51 Prozent des Publikums. Es gibt immer einige, die zögern, hadern, die noch überlegen wollen oder denen es schlicht und einfach egal ist. Die können Sie alle für sich einsammeln, indem Sie beispielsweise sagen: „Wer *gegen* meinen Antrag ist, möge bitte die Hand heben". Nun denkt mancher im Publikum: „Jetzt soll ich mühsam meinen Arm heben, für eine Sache, die mir im Grunde egal ist. Also lass ich's lieber." Und schon gehört derjenige zu Ihren Befürwortern. (Für den Fall, dass Sie im Anschluss die Gegenprobe machen müssen, fühlen sich die Zögerer oft schicksalshaft zu einer einmal eingenommenen Position verpflichtet und votieren dann sogar aktiv für Ihr Anliegen.)

Es gibt noch eine Steigerungsform der psychologischen Einflussnahme bei Abstimmungen. Wie soeben lassen Sie die Gegner wieder aktiv werden: „Wer gegen meinen Antrag ist, möge bitte die Hand heben", aber jetzt fügen Sie ohne Pause an: „Gibt's welche?" und schauen fragend in die Runde. Selbst wenn einer halbwegs den Entschluss gefasst hatte, seine Pfote nach oben zu strecken, könnte seine Handbewegung jetzt blitzartig erlahmen, denn er denkt: „Scheinbar bin ich der Einzige (Trottel)."

Formulieren Sie die Gegenargumente Ihrer Widersacher

Viele Redner beschränken sich darauf, dass sie dem Publikum nur die Argumente *für* ihr Anliegen präsentieren. Das ist vom Prinzip her vernünftig überlegt. Nur was passiert, wenn bei der Mehrheit des Publikums ein starkes Gegenargument vorhanden ist, das Sie nicht erwähnen?

Gegenargumente, die dominierend sind, müssen Sie während Ihrer Rede erwähnen und entkräften.

Dies hat den Effekt, dass es dem Publikum die Chance nimmt, selbst ein Gegenargument zu finden. Psychologisch ist das Gegenargument durch den Referenten belegt. Es gehört quasi ihm. Ansonsten klopft während Ihrer Rede ein permanentes „Ja, aber…“ in den Hinterköpfen des Publikums. Das frisst Energie und Sie polarisieren das Publikum. Und wenn dann jemand am Ende mit dem Gegenargument in Form einer Frage kommt, gehört das Argument psychologisch dem Gegner. Die große Mehrheit fühlt sich plötzlich durch diesen neuen „Meinungsführer“ vertreten. Wenn hingegen Sie als Redner das Gegenargument selbst formulieren und es anschließend entkräften, ist es gar keins mehr. Der Energiefresser ist weg.

In der Schweiz gibt es in jeder Gemeinde die so genannten Gemeindeversammlungen. Dort werden wichtige Beschlüsse dem Gemeindevolk zur Abstimmung vorgelegt. Jeder Bürger der Gemeinde ist beispielsweise darüber stimmberechtigt, ob ein Schwimmbad für 12 Millionen Franken gebaut wird oder nicht. Des Weiteren kann jeder einzelne Bürger selbst einen Antrag formulieren. Nehmen wir an, Sie hätten das Anliegen, dass die Genehmigung erteilt werden soll, im Dorf eine Diskothek zu errichten. Jetzt stehen Sie auf und schildern in schillerndsten Farben die Vorteile, die eine Diskothek der Gemeinde bringen würde: Viele neue Besucher, mehr Freizeitangebot für die Bürger, die Attraktivität als Wohngebiet steigt, das Dorf wird als Tourismus-Dorf aufgewertet, zusätzliche Steuereinnahmen… usw., usw. Am Ende der Rede setzen Sie sich wieder und es kommt zur Abstimmung. Ihr Antrag wird durchfallen, weil Sie ein massives Gegenargument nicht erwähnt haben: das Problem Lärm! Während Sie blumig über die Vorteile der Diskothek schwärmen, hämmert die ganze Zeit dieses Gegenargument in den Köpfen der Mehrheit der Zuhörer. Wenn jetzt nach Ihrer Rede ein anderer Bürger aufsteht und das Problem Lärm anspricht, gehört es psychologisch den Gegnern. Sie haben den Saal in zwei Energiefronten polarisiert. Wenn Sie jedoch das Gegenargument in Ihre Rede einbauen, gehört es Ihnen. Niemand kann mehr aufstehen und eine Gegenposition aufbauen. „Lärm? Ach ja, das war schon erwähnt." Sie könnten beispielsweise während Ihrer Rede einfügen: „Viele sagen: Ja, der Lärm, da können wir nachts nicht schlafen, die vielen Autos und die Besoffenen, da haben wir Unruhe im Dorf. Ich verstehe euch, aber… Waren wir nicht alle mal jung?"

Gegenargumente müssen erwähnt werden, wenn sie *massiv* sind. Auf keinen Fall sollen Sie lückenlos alle Gegenargumente erwähnen. Denn auf Negatives sollen Sie andererseits nicht aufmerksam machen. Das scheint sich zu widersprechen. Doch das tut es nicht wirklich, denn die Frage, die Sie sich stellen sollten, ist: Gibt es eine große Mehrheit im Publikum, die diesen Gedanken wahrscheinlich im Kopf hat? Wenn ja, dann nehmen Sie es mit in Ihre Rede auf. Ein Gegenargument, das nur *eventuell* bei dem einen oder anderen auftauchen könnte, sollen Sie natürlich nicht erwähnen.

Wenn beispielsweise im Fall der Dorfdiskothek einer die Sorge haben könnte, dass dem örtlichen Gasthaus am Wochenende Publikum abgezogen werden könnte, dann ist das wahrscheinlich kein Argument, das in der Mehrheit der Köpfe im Publikum herumspukt. Also werden Sie es nicht erwähnen. Bereiten Sie sich jedoch auf einen solchen eventuellen Einwand vor. Wenn er dann als Frage auftaucht, sind Sie präpariert.

Die Argumente des Gegners in ihrer Überzeugungsrede zu erwähnen widerspricht bei den meisten Rednern dem intuitiven Verhalten. Aber es ist für den Erfolg ihrer Überzeugungsrede eine wichtige Basis. Viele missachten diesen Grundsatz und wundern sich, dass Ihre Überzeugungsarbeit keine Früchte getragen hat.

In der Schweiz wird seit Jahrzehnten immer wieder die Volksabstimmung abgehalten, ob die Schweiz der EU beitreten soll oder nicht. In steter Regelmäßigkeit wird vom Volk gegen den Beitritt gestimmt. Meines Erachtens könnte die Abstimmung gewonnen werden, man müsste nur auf die wirklich in den Hinterköpfen der Leute herumspukenden Gegenargumente eingehen. Was denkt der durchschnittliche Innerschweizer Lokalpatriot? Welche Ängste hat er, an was klammert er sich, warum will er wirklich nicht in die EU? Und auch wenn die Gründe nicht ganz öffentlichkeitstauglich sind oder einer Grundhaltung entsprechen, die man überwunden zu haben glaubte, so sind es doch die tatsächlichen Gegenargumente, die in der Mehrheit der Köpfe festsitzen.

Um bei der nächsten Abstimmung eine Chance zu bekommen, müsste man zunächst einmal eine groß angelegte Umfrage starten, die die Hitparade der häufigst genannten Gründe gegen den Beitritt erfragt. Gegner wie Befürworter sollten nur eine Frage vorgelegt bekommen: „Was spricht Ihrer Ansicht nach gegen einen Beitritt?“ Und aus der Hitparade der zehn meistgenannten Einwände kann man dann eine Kampagne stricken, die sich an den echten

Gedanken der Menschen orientiert. Sie haben nur dann Chancen, Menschen zu überzeugen, wenn Sie auf die realen Gedanken der Mehrheit eingehen, und nicht auf die Gedanken, die wir uns bei ihr wünschen.

Das Selbstbild des Publikums

Jede soziale Struktur, jede Gemeinschaft und jede Organisation hat, genauso wie jedes Individuum, ein ideales Selbstbild. Dieses Bild ist ein Stück seiner Identität. Wenn Sie dem Publikum dieses eigene Idealbild liefern, haben Sie ein mächtiges Überzeugungsinstrument in der Hand.

Liefern Sie dem Publikum sein Selbstbild.

Ein Teilnehmer meines Rhetorikseminars war Mitglied in der Kantonsregierung von Graubünden. In den achtziger Jahren hat man dort einem Bergdorf das Versprechen gegeben, eine neue Straße zum Dorf zu bauen. Damals war Hochkonjunktur, da schien das finanziell kein Problem, aber inzwischen waren die Kassen leerer und man nahm wieder Abstand von dem Plan. Dieser Teilnehmer vertrat nun die Interessen des Dorfes und plante eine Rede, mit der er die Mehrheitsmeinung in der Regierung kippen wollte. Wir konzipierten die Rede mit einer wichtigen Passage an das Selbstbild:

> „Wir in Graubünden sind ein spezieller Menschenschlag. Bei uns zählen noch solche Werte wie Anstand, Vertrauen und Glauben. Da oben in den Bergdörfern werden die Geschäfte per Handschlag gemacht. Von uns Graubündnern weiß man: Wenn wir ein Versprechen geben, dann halten

> wir es auch. Alles andere ist unter unserem Niveau. Wir sind die gewählten Vertreter aller Graubündner. Wir haben damals den Gemeindevertretern dieses Bergdorfes hier ein Versprechen gegeben und dieses Versprechen halten wir auch.“

Mit diesem gelieferten Idealbild wird es zumindest schwieriger, zu dem versprochenen Straßenneubau von damals heute Nein zu sagen.

Platzieren Sie also in Ihre Rede Aussagen, mit denen Sie der Gruppe das eigene Ideal- oder Wunschbild wie eine Mohrrübe vor die Nase hängen.

Selbstbilder oder Idealbilder beginnen meist mit den Worten „Wir“ oder „Sie“, je nachdem, ob Sie Teil der Gruppe sind oder ob Sie als Externer zu der Gruppe sprechen.

Hier noch einige Beispiele:

> „Wir in unserem Sportverein sind nicht Menschen, die nur auf ihre eigenen Vorteile schauen – wenn jemand Hilfe braucht und in Not ist, den lassen wir nicht alleine. Da stehen wir alle wie ein Mann zusammen. Der Feuerwehrverein will ein Festzelt aufbauen, aber die schaffen es nicht bis zum Termin – sie haben zu wenig Leute. Meine lieben Sportvereinsmitglieder – lasst uns helfen.“

Während einer Mitarbeiterversammlung können Sie sagen: „Von den Mitarbeitern Ihrer Abteilung weiß jeder: Wenn die etwas machen, dann machen sie es richtig.“

Wenn Sie den Entscheidungsträger im Gremium sitzen haben, so können Sie sagen: „Herr Thoma, Sie sind ein Mann, von dem man weiß, dass er immer nur das Beste will…“

Falls Sie eine Präsentation in einer fremden Firma halten, so gibt es noch eine tolle und einfache Methode, das Idealbild dieser Firma herauszubekommen: Die meisten Firmen haben ein Leitbild. Darin sind die Visionen, Ziele und Arbeitsweisen niedergeschrieben, nach denen diese Firma funktionieren möchte. Die Leitbilder sind meist in linkshirnigen Monstersätzen formuliert und die Broschüren verstauben in irgendwelchen Schubladen der Mitarbeiter. Wenn Sie eine Präsentation haben, rufen Sie doch ein paar Tage vorher die Rezeptionistin an und fragen Sie, ob Sie die Broschüre mit dem Leitbild der Firma haben könnten. Die ist heilfroh, dass sich endlich jemand mal dafür interessiert, und schickt es Ihnen gerne zu. Jetzt können Sie dann beispielsweise während Ihrer Präsentation sagen:

> „Sie sind eine Firma, die an der Zukunft mitarbeitet – Für Sie ist es wichtig, die neueste Internet-Technologie zu haben – und wir haben Sie!“

Oder vielleicht ein anderer Leitsatz:

> „Bei Ihnen steht der Kunde im Mittelpunkt – mit unseren neuen Telefonanlagen gehören die nervigen Wartezeiten für die Kunden ein für allemal der Vergangenheit an.“

Zustimmung auf einem Nebengleis bringt Zustimmung auf dem Hauptgleis

Wie Sie schon aus einem der vorhergehenden Kapitel wissen, gilt der Grundsatz: Erst der Redner, dann das Anliegen. Wenn man Sie als Person wohlwollend betrachtet, wird man auch anschließend Ihr Anliegen wohlwollend betrachten. Wenn es uns also gelingt, vom Publikum als „sympathisch“ eingeschätzt zu werden, ist das schon die halbe Miete. Jetzt sagen aber viele: Sympathisch oder unsympathisch zu wirken ist einem gegeben, daran kann man nicht arbeiten. Ich wage hier wieder einmal, ein Fragezeichen dahinter zu stellen. Kann man wirklich nicht daran arbeiten? Doch, es geht tatsächlich!

Machen Sie Aussagen, denen das Publikum zustimmt. Auch auf einem Nebenschauplatz.

Dabei ist es egal, ob das mit Ihrem Anliegen etwas zu tun hat oder nicht. Das wird im Normalfall nicht untersucht. Wenn Sie beispielsweise sagen: „Wir alle wissen, wie schwierig es ist, mit seinem Geld auszukommen“, so provoziert diese Aussage wahrscheinlich erst einmal eine Zustimmung. (Untersuchen Sie aber immer vorher, *wer* Ihr Publikum ist.) Diese Zustimmung gilt augenscheinlich der Sachaussage, aber das erzeugt immer auch einen Strich auf dem Punktekonto Ihrer Person. Und am Ende der Rede, wenn der Einzelne sich überlegt, ob Ihr Anliegen Sinn macht oder nicht, werden diese Punkte mit ausgezählt.

Also: Jede allgemein gültige Aussage, die beim Publikum auf Zustimmung stößt, nutzt Ihrem Anliegen. Die rhetorische Wirk-Frage hat übrigens dieselbe Funktion. Nur wird hier die Zustimmung in Form einer Frage abgeholt. Ein Beispiel zur Erinnerung: „Waren wir nicht alle mal jung?“

Hier eine Auswahl von Aussagen, bei denen Sie bei einem durchschnittlichen Publikum mit Zustimmung rechnen können.

„Man kann nicht mehr ausgeben, als man einnimmt.“
„Wir hier in unserer Firma sind Menschen, wenn wir etwas tun, dann tun wir es richtig.“

„Wir waren noch nie jemand, der einen im Stich gelassen hat, wenn er Hilfe braucht."
„Der Schutz unserer Kinder geht uns über alles."

Jedes Mal, wenn Sie Ihr Publikum zum Schmunzeln oder Lachen bringen, haben Sie etwas für Ihr Anliegen getan.

Überlegen Sie systematisch, wo Sie in Ihrer Rede eine lustige, humorige Bemerkung platzieren könnten. Dr. Michael Spitzbart ist einer jener Redner, der hochinteressante Information gekonnt mit leichtfüßigem Humor verquickt. Zitat aus einem Vortrag:

> „Wenn Sie am Schreibtisch sitzen, Montag Morgen 10 nach 9 – die Woche nimmt kein Ende…" Oder: „…wenn das neuronale Netz mal abebbt, dann gibt's diese Krankheit… Na, wie heißt sie schon wieder? Na, das war doch… ach ja – Alzheimer! Wo man täglich neue Leute kennenlernt."

Wenn mir in meinem Seminar spontan eine Bemerkung gelingt, bei der meine Seminarteilnehmer lachen, mache ich mir immer eine kleine Notiz und bringe diesen Gag dann immer wieder an dieser Stelle. Ich habe jetzt sogar Kontakt zu einem Humorregisseur aufgenommen, der die Bühnenperformance von Kabarettisten bezüglich Gags optimiert. Dieser Mann wird sich in mein Seminar setzen und mir danach Möglichkeiten aufzeigen, an welcher Stelle im Seminar ich noch eine witzige Bemerkung einfließen lassen könnte. Jedes Mal, wenn ich meine Seminarteilnehmer zum Lachen bringe, finden die am Schluss mein Seminar noch ein bisschen besser. Das sind unterbewusste Vorgänge.

Es ist es sogar legitim, während Ihrer Präsentation Witze zu erzählen. Die Menschen lieben so etwas. Aber Achtung! Witze muss man auch mit der entspechenden Selbstvergessenheit erzählen können. Sie haben sicher auch schon einmal erlebt, dass Sie einen Witz gehört haben, bei dem alle fast am Boden lagen vor Lachen. Begeistert haben Sie diesen Witz in anderer Runde weitererzählt, aber nach der Pointe hat man Sie nur entgeistert angeschaut. Nicht jeder eignet sich zum Witzeerzähler. Und schon gar nicht unter den erschwerten Bedingungen vor Publikum. Nichts ist peinlicher, als wenn Sie der Einzige sind, der dann an der Stelle lacht. Aber wenn Sie es sich zutrauen und können, lockert es Ihren Vortrag ungemein auf.

Gregor Staub, Startrainer zum Thema Gedächtnistraining, ist ebenfalls ein begnadeter Redner. Er hat ein riesiges Repertoire an Witzen, die er während seiner Vorträge und Seminare immer wieder einstreut. Ob die Witze mit dem Thema etwas zu tun haben oder nicht, ist nicht entscheidend. Das wird vom Publikum nicht hinterfragt. Entscheidend ist, dass Sie als Person vom Publikum als locker und humorvoll registriert werden.

Als Überleitungssatz zu Ihrem Witz können Sie schlicht sagen: „Dazu fällt mir ein Witz ein…“, das würde schon reichen. Sie können zu praktisch jedem Witz die Überleitung von Ihrem Thema finden, wenn Sie nur wollen. Das ist faszinierend, Sprache vermag das. Liebe Leser, daher für Sie nun die Aufgabe: Finden Sie bitte eine Überleitung, die von einem Witz über den Papst sprachlich die Brücke vom Thema Aktiensparen schafft. (Bitte jetzt wirklich eine Pause machen und überlegen!)

Erzählen Sie eine Geschichte, bei der Sie sympatisch rüberkommen.

Wenn Sie Ihre Rede mit einer Geschichte spicken, die Sie sympatisch wirken lässt, so färbt das immer auch auf Ihr Anliegen ab.

Ich war einmal als Redner bei einem Kiwanis-Club geladen. Vor mir präsentierte ein älterer, sehr beleibter Herr. Er begann seine Rede mit einer Geschichte von seinem Enkel. Sein Enkel hatte ein Skateboard geschenkt bekommen und fuhr damit nun den ganzen Tag durch die Gegend. Jetzt trage auch er, der Redner, sich mit dem Gedanken, Skateboardfahren zu lernen. Er würde es nämlich dann dem Enkel zeigen. Und jetzt imitierte dieser sicherlich über 60-jährige Herr mit ausgeprägtem Bauchumfang und Dreiviertel-Glatze, wie er in der Halfpipe die Pirouetten machen würde. Mit ganzem Leibeseinsatz demonstrierte er seine zukünftigen Skateboard-Meisterschaft. Es war eine kabarettreife Vorstellung. Die Leute bogen sich vor Lachen.

Als er fertig war mit seiner Geschichte, ging er beinahe übergangslos zu seinem Anliegen über. Er kannte ein Kinderheim, dem er vom Club-Vermögen Geld zukommen lassen wollte. Er begründete nicht groß warum, schilderte nur kurz den Bedarf und ließ dann über das Geld abstimmen. Was denken Sie, wie die Abstimmung ausgegangen war? Mit überwältigender Mehrheit wurde seinem Antrag stattgegeben. Das heißt im Klartext: Seine Sachargumente waren unwichtig, es reichte, als sympathische Person rüberzukommen.

Wenn es zur Abstimmung kommt, sitzen Sie vielleicht verdattert da. Ihnen ist das Kinderheim im Prinzip egal, trotzdem denken Sie vielleicht: „Irgendwie ein netter Kerl. Wir sollten es unterstützen." Und Sie heben die Hand. Fühlen Sie, wie Sie innerlich anders zu dem Mann und damit zu seinem Anliegen stehen, als wenn er das mit seinem Enkel nicht erzählt hätte? Wenn Sie durch Geschichten Sympathien für sich als Person schaffen, schaffen Sie sie auch für Ihr Anliegen.

Wie Sie Ihr Anliegen unter die Bauchdecke bringen

Hier ein großes Problem der meisten Redner: Selbst gute Argumente verblassen, wenn sie nicht anschaulich und emotional verpackt sind. Die Leute meinen, durch die lückenlose Aufzählung aller Vorteile würden sie ein Publikum von ihrem Anliegen überzeugen. Das Gegenteil ist der Fall. Sie ermüden Ihr Publikum, wenn Sie in Aufzählungsmanier Argument nach Argument bringen und keines dieser Argumente so dargestellt wird, dass es wirklich sticht. Jetzt aber die Frage: Wie schaffe ich es, die Sache emotional zu verpacken? Es ist gar nicht so schwer.

> Nehmen Sie ein, zwei Argumente heraus und schildern Sie sie plastisch und im Detail.

Lieber ein Argument plastisch schildern, als alle Argumente erwähnen!

Nehmen wir an, Sie würden in Ihrer Firma eine Rede halten, mit der Sie die Geschäftsleitung davon überzeugen wollen, ein rollstuhlgerechtes Eingangsportal zu schaffen.

Die meisten, die ein solches Vorhaben präsentieren, suchen zunächst nach den Vorteilen, die die Maßnahme bringen würde, und versuchen dann alle gefundenen Argumente lückenlos aufzuzählen. (Dann legen Sie meist noch zu allem Überfluss eine Folie auf.) Und so wird dann brav präsentiert:

„Die Vorteile, die eine Rollstuhlauffahrt unserer Firma bringen würde, sind folgende:

- Besseres Image der Firma in der Bevölkerung,
- Hilfe für die Behinderten,
- Möglichkeit, auch qualifizierte Behinderte in der Firma anzustellen. Behinderte sind bis jetzt ausgeschlossen.
- Öffentliche Mittel werden bereitgestellt,
- Steuererleichterungen."

Mit dieser Art Auflistung können Sie zu 90 Prozent sicher sein, dass Ihr Antrag durchfallen wird. Entscheidend ist nicht, Argumente aufzuzählen, entscheidend ist, eine Sache so zu beschreiben, dass sie Ihr Unterbewusstsein erreicht. Es genügt, eines dieser Argumente herauszunehmen, dieses im Detail, anschaulich und mit Beispielen zu schildern, und die Sache geht ihren Weg. Nehmen wir beispielsweise das Argument „Möglichkeit, auch qualifizierte Behinderte in der Firma anzustellen" heraus. Eigentlich genügt dieses Argument – wenn Sie es nur richtig plastisch darstellen, und Sie können das Publikum für sich gewinnen. Sie könnten in etwa Folgendes ausführen:

> „Wir suchen seit drei Monaten einen C++ Programmierer. Der Markt ist leider ausgetrocknet. Wir haben bereits vier Inserate in der Zeitung aufgegeben: Kostenpunkt 3.500 Euro. Was glauben Sie, wie viele Kandidaten sich gemeldet haben? – Sage und schreibe zwei einsame Kandidaten! Keiner von denen wollte aber. Die hatten massenhaft andere Angebote. Wir haben unser Xenia-Projekt, das mit zwei Monaten in Terminverzug ist. Wenn wir es nicht bis Ende des Jahres fertig bekommen, zahlen wir eine wöchentliche Konventionalstrafe von 3.000 Euro. Woche für Woche, Monat für Monat. Das macht in einem Jahr 36.000 Euro. Wir schaffen es niemals bis Ende des Jahres: Uns fehlen Programmierer, Programmierer, Programmierer. Es gäbe aber einen Weg, um an qualifiziertes Personal heranzukommen. Ich habe Kontakt aufgenommen zum Paraplegikerzentrum in Nottwil in der Schweiz. Die bilden dort mit der neuesten

> Technologie Programmierer aller Art aus. Wir könnten dort einen Mann für uns gewinnen. – Theoretisch, *[Kunstpause]* aber in der Realität geht das nicht. Wissen Sie warum? Wir haben keinen rollstuhlgerechten Eingang! Die Kosten für so einen rollstuhlgerechten Eingang belaufen sich auf 4.500 Euro. Ich stelle den Antrag, morgen den Auftrag rauszugeben so ein Ding zu bauen. Danke.“

Nur noch einmal zum Vergleich, wie die vorhergehende Version geklungen hatte: „Wir hätten die Möglichkeit, auch qualifizierte Behinderte in der Firma anzustellen. Behinderte sind bis jetzt ausgeschlossen.“ Damit locken Sie keine Maus hinter dem Ofen hervor. Dieses Argument ist so, als ob es nicht genannt worden wäre. Wenn es nicht unter die Bauchdecke geht, lassen Sie es lieber weg. Gehen Sie aber ins Detail, werden Sie konkret, beschreiben Sie ein Beispiel – dann reicht manchmal ein einziges Argument und die Sache geht durch.

Sie könnten genauso gut ein anderes Argument herauspicken und das im Detail mit einem Beispiel beschreiben. Nehmen wir das Argument „Hilfe für die Behinderten“. Das könnte dann in etwa so klingen:

> „Ich habe einen Freund, Wolfgang. Wir kennen uns seit Schulzeiten. Als er 28 Jahre alt war, kam dieser Anruf: Wolfgang hatte einen Autounfall. Er ist dem Tod entronnen, aber seit dieser Zeit ist Wolfgang querschnittsgelähmt. Eines Tages wollte er einen Behördenbesuch machen. Er hatte ein rollstuhlgerechtes Auto und war daher mobil. Ich kam an diesem Tag zufällig an der Behörde vorbei. Wolfgang war gerade dabei, wieder zu seinem Auto zurückzurollen. Er weinte in seiner Verzweiflung. Er konnte nicht die drei Stufen zum Behördeneingang hoch. Er hatte es versucht und war umgefallen. Er lag dort zehn Minuten, bis Leute kamen um ihn wieder in seinen Rollstuhl zu heben. Können

Sie nachvollziehen, wie er sich gefühlt haben muss? Wir alle haben gesunde Beine. Kann einer von uns ausschließen, dass er nicht morgen ein Unfall hat, der ihn in den Rollstuhl zwingt?

Wir haben eine moralische und soziale Verpflichtung auch als Firma. Wir kümmern uns auch um die, die nicht das Glück haben, zwei gesunde Beine zur Verfügung zu haben. Ich will gar nicht von dem praktischen Nutzen reden, sondern einzig und allein davon, was wir für uns selbst und unsere Mitarbeiter dokumentieren: Wir haben einen ethischen Anspruch und dafür tun wir etwas. In unserer Firma können keine Rollstuhlfahrer arbeiten, weil wir keinen rollstuhlgerechten Eingang haben. Das muss sich ändern. Und zwar sofort. Ich stelle daher den Antrag, die 4.500 Euro dafür sofort freizustellen. Danke".

Mit einem einzigen Argument, das plastisch ausgeschmückt ist, haben Sie mehr Chancen, als mit allen Argumenten, die Sie nur aufzählen, zusammen.

Geben Sie ein konkretes Beispiel.

Wenn Sie über den amerikanischen Unabhängigkeitskrieg referieren, dann sollen Sie um Himmels willen nicht alle Schlachten des Krieges lückenlos erwähnen, sondern Sie konzentrieren sich auf eine interessante, und die schildern Sie im Detail.

Wenn Sie ein Referat über die Aufgabe des innerbetrieblichen Controllings halten sollen, dann nehmen Sie bitte nicht alle Aspekte des Controllings, sondern beschreiben Sie beispielsweise einen konkreten Fall, wo Sie beim Controlling einer Betrügerei auf die Schliche kamen.

Beim Finden von Beispielen sollten Sie allerdings vermeiden, für eine These zu viele Beispiele zu geben. Bleiben Sie bei Trilogien. Das reicht.

Istzustand = Horror; Sollzustand = Paradies

Beschreiben Sie die Situation, die Sie ändern wollen, als ein Horrorszenario, und dem stellen Sie Ihre Lösung gegenüber, die natürlich dann paradiesische Zustände verheißt. Absolut wichtig ist es dabei, dass Sie Ihre Szenarien wirklich so beschreiben, dass sie jedermann unter die Haut gehen. Ansonsten verpufft die Wirkung. Im vorhergehenden Kapitel haben Sie gesehen, wie man das macht.

Beachten Sie bitte, dass ein Unterschied zwischen dieser Methode und der Methode „Der Trick mit der Horrorlösung" besteht. Dort stellen Sie Ihrer Lösung als *Scheinalternative* ein Horrorszenario voran. Dabei konstruieren Sie eine Lösung, die Sie real gar nicht umzusetzen beabsichtigen. Hier hingegen ist das Horrorszenario nicht eine Lösung, sondern das echte momentane Problem, das nur dramaturgisch übersteigert dargestellt wird.

Nehmen wir an, Sie wollten Leute dazu bewegen, in Ihren Sportverein einzutreten. Wenn ich während meines Seminars diese Aufgabe stelle, so wird das „Horrorszenario" oft etwa in der folgenden Art beschrieben:

> „Man hat Untersuchungen gemacht. Wenn Sie sich nicht mindestens dreimal pro Woche bewegen, und zwar so, dass Sie ins Schwitzen kommen, so hat das Auswirkungen auf Ihre Gesundheit. Es besteht die Gefahr eines Herzinfarktes."

Hier bin ich noch nicht geschüttelt. Das berührt mich nicht. Der Istzustand muss so beschrieben werden, dass es mir dabei eiskalt den Rücken herunterläuft.

Besser ist es, die Situation etwa so zu beschreiben:

> „Nehmen Sie jetzt alle bitte ein Blatt Papier zur Hand und schreiben Sie darauf, wie lange Sie leben möchten. Wie alt wollen Sie werden? *[Lassen Sie die Leute schreiben]* Wer von Ihnen treibt mehr als dreimal pro Woche regelmäßig Sport? Hand hoch. Alle, die jetzt ihre Hand nicht gehoben haben, die ziehen jetzt von der Zahl auf ihrem Papier zehn Jahre ab. Das Problem ist Folgendes: Die meisten Leute sagen: Ich mache zwar keinen Sport, aber mir geht es doch gut. Ich spüre keine Auswirkungen. Das ist ein Trugschluss. Man hat Untersuchungen gemacht: Wenn Sie mal etwas spüren und zum Arzt gehen, dann haben Sie nur noch ca. 30 Prozent Ihrer Organfunktionen. 70 Prozent sind verloren. Unwiederbringlich. Die können Sie dann nie wieder einholen. Der Arzt kann dann nur noch flicken und reparieren. Verstehen Sie: Sie bekommen kein gesundes Herz mehr, und das ist nicht nur mit Ihrem Herzen so, das ist mit allen Organen so. Mit Ihrer Lunge, Ihren Muskeln, Ihrem Hirn. Use it or loose it. Sie rutschen auf einer Schräge immer weiter nach unten. Aber leider spüren wir erst am unteren Ende, dass wir schon die ganze Zeit gerutscht sind. Sie müssen etwas tun, auch wenn Sie nichts spüren – vorher."

Das war das Horrorszenario und dem lassen Sie dann das Paradiesszenario folgen:

> „Das Zauberwort, um diesen Vorgang rückgängig zu machen, heißt: Bewegung, Bewegung, Bewegung. Wenn Sie regelmäßig Sport treiben, dann haben Sie noch als 50-jähriger dieselben Organfunktionen wie ein 30-jähriger. Wäre das nicht was? Jetzt haben wir aber ein Problem: Wir wissen das bereits. Ja, ich sollte wieder mal was tun. Aber der

Mensch ist ein faules Wesen. Joggen, schwimmen, Fahrrad fahren – das nehmen wir uns regelmäßig zu Jahresbeginn vor. Dann machen wir es dreimal, und dann ist die Euphorie verloren. Der innere Schweinehund hat uns wieder. Jetzt gibt es da aber eine Möglichkeit, die unsere Trägheit austrickst. Und die gleichzeitig unser Hirn dazu bringt, Freude anstatt Frust mit Sport zu verbinden. Passen Sie auf. Hören Sie hin.

Wie wär's, wenn Sie sich nicht jedes Mal selber aufraffen müssten, sondern wenn Sie immer einen sanften Druck von außen spüren, der Ihnen dann gar nicht die Wahl lässt, Ihrer Trägheit nachzugeben? Die Lösung heißt: Unser Sportverein. Da sind Menschen, die mit Ihnen gemeinsam Sport machen. Da verpflichten Sie sich, jeden Mittwoch zum Training zu kommen. Jetzt sind Sie nicht mehr Einzelkämpfer, sondern Sie haben Freunde, mit denen Sie spielen spielen spielen. Das macht wahnsinnig Spaß. Wir spielen Tennis, wir spielen Squash, wir spielen Fußball, wir spielen Volleyball. Beim Spielen merken Sie gar nicht die Anstrengung. Da gibt's keine Überwindung. Da vorne kommt der Ball, der Gegner rennt auf ihn zu, Sie beschließen, Sie werden zuerst am Ball sein. Sie bekommen den Ball auf den Fuß. Sie täuschen links an, rennen rechts vorbei. Dort ist das Tor. Ein kleiner Haken. Sie ziehen das Bein zum Schuss nach hinten. Ein dumpfes Geräusch. Der Ball zieht schräg nach oben. Der Torwart berührt den nur noch mit den Fingerspitzen. Eins zu null für Ihre Mannschaft. Am Abend gehen Sie auf die Waage. Wieder zwei Kilo abgenommen. Am Morgen, der Wecker klingelt, und Sie quälen sich nicht mehr aus dem Bett. Sie sind sofort hellwach und top-fit. Sie werden den Tag über nicht mehr so schnell müde. Sie können sich länger konzentrieren. Und Sie freuen sich schon wieder auf den nächsten Mittwoch."

Die momentane Situation wird plastisch als Katastrophe beschrieben und die Lösung wird plastisch als Wunder dargestellt.

Wenn Sie beispielsweise die Leute davon überzeugen wollen, ihr Geld in Aktien anzulegen, dann beschreiben Sie den Istzustand so dramatisch, dass es denen kalt den Rücken runter läuft. Das mögliche Horrorszenario: Wieviel Geld haben Sie in Ihrem ganzen Leben bis jetzt verdient? Und wieviel haben Sie davon gespart? Wenn Sie in Rente gehen, ist Ihnen klar, von wieviel Sie leben müssen? U.s.w.

Und dann das Paradiesszenario: Wenn Sie regelmäßig Geld in Aktienfonds anlegen, können Sie irgendwann nur von Ihren Zinsen leben. Sie werden nie mehr aus wirtschaftlicher Notwendigkeit arbeiten müssen...u.s.w

Lassen Sie das Publikum die betroffene Person sein

Die magischen Worte für diese Technik lauten: „Stellen Sie sich vor…". Und nach diesem Satz lassen Sie die Zuhörer in Gedanken agieren.

Angenommen, Sie wären Lehrer und gingen mit Ihren Schülern auf einen Wandertag. Wenn Sie die Klasse überzeugen wollen, einen verloren gegangenen Rucksack zu suchen, dann versetzen Sie die Schüler in die Situation desjenigen, der seinen Rucksack verloren hat.

> „Stellt euch vor, ihr hättet euren Rucksack vergessen. Wie würdet ihr euch fühlen, wenn ihr Hunger habt und ihr habt nichts zu essen? Euer Taschenmesser, eure Landkarte, euer Notizblock und vieles, was euch wichtig ist, ist alles für immer mit dem Rucksack verloren. Wie würdest du dich fühlen, Oliver, und du, Priska, und du, Roland? Unserem Peter ist das passiert. Wir helfen ihm … ."

Durch das mentale Versetzen der Kinder in die Situation von Peter wird es zu *deren* Anliegen. Sie sind jetzt nicht mehr außerhalb der Situation, sondern durch Ihre Worte sind sie Teil der Situation geworden.

Durch ein einleitendes „Stellen Sie sich vor…“ werden die Zuhörer emotional beteiligt. Wenn Sie beispielsweise Menschen davon überzeugen wollen, für ein Katastrophengebiet zu spenden, so können Sie auch hier dieses Element einsetzen.

> „Stellen Sie sich vor, es ist nachts um drei Uhr. Plötzlich wachen Sie auf, weil eine Sirene heult. Sie schauen Ihre Partnerin an: Um diese Zeit – das kann kein Probealarm sein. Irgendeine innere Stimme sagt Ihnen, das Radio einzuschalten. Und tatsächlich. Der Radiosprecher sagt, dass unbekannte Flugzeuge im Anflug auf Ihre Stadt sind. Sie sind über die Grenze in Ihr Land geflogen. Niemand weiß, was sie vorhaben. Die Radiostimme sagt: Bitte verlassen Sie sofort Ihre Häuser und gehen Sie aus der Stadt. Das Benzin wird ab sofort rationiert. Das Auto darf nicht benutzt werden. Sie müssen zu Fuß gehen. Überlegen Sie kurz: Was nehmen Sie mit. Sie können nur das mitnehmen, was Sie tragen können. Sie brauchen Decken, Lebensmittel, Kleider – was nehmen Sie für Ihre Kinder mit? Sie gehen aus dem Haus. Überlegen Sie: Wohin gehen Sie? Aus der Stadt. In die Wälder. Wo schlafen Sie? Womit decken Sie Ihre Kinder zu? Was werden Sie am nächsten Morgen essen? *[Kunstpause]* Das ist im Moment die Situation der Flüchtlinge im Kosovo. – Ich lasse jetzt ein Spendenformular rumgehen. Tragen Sie da bitte den Betrag ein, den Sie spenden wollen!“

Durch die einleitenden Worte „stellen Sie sich vor …“ wird der Zuhöhrer in Gedanken zur handelnden Person und wird so betroffen gemacht.

Eine Dame in meinem Seminar wollte ein Gemeindegremium davon überzeugen, dass eine Mauer inmitten der Gemeinde abgerissen werden sollte. Sie ließ die Zuhörer nachempfinden, welche Sichtweise ein Kind hat, das an dieser Mauer entlangläuft, aber wegen der Höhe der Mauer die Straße nicht überblicken kann. Sie ließ die Zuhörer sich hinknien und sagte: „So groß ist ungefähr ein achtjähriges Kind. Stellen Sie sich vor, Sie kommen jetzt gerade aus der Schule. …“ Und dann ließ sie alle in Gedanken den Schulweg eines Kindes gehen. Bis zu der Stelle, wo die Mauer die Sicht auf die Straße versperrt. Das Kind sieht einen Spielkamerad, läuft über die Straße. Rechts kommt ein Auto und erfasst es …

Es gab keinen Zweifel mehr: Die Mauer musste weg.

Der Konkurrenzgedanke

Jede menschliche Organisation, jede soziale Struktur, jede Gemeinschaft und jedes Gremium hat eine Gruppe, mit der sie sich vergleicht oder in irgendeiner Art in Wettstreit ist. So hat jede Firma einen Hauptkonkurrenten, jeder Sportverein einen konkurrierenden Sportverein, jede Gemeinde eine neidvoll beäugte Nachbargemeinde usw. Jetzt gibt es eine einfache Methode, das Publikum für Ihr Anliegen einzunehmen. Wenn Sie während Ihrer Präsentation einen kurzen Seitenblick auf die konkurrierende Gruppe werfen, so stacheln Sie den Wettbewerbsgedanken an. Sie lösen dadurch eine einigende Kraft beim Publikum aus. Ein äußerer Gegner schafft immer inneren Zusammenhalt und motiviert Energien. Diese Kraft können Sie durch Rhetorik für sich mobilisieren.

Wenn Sie eine Lösung für die Gruppe vorschlagen, dann erwähnen Sie einfach kurz die Lösung der konkurrierenden Gruppe in dem Bereich. Sie werden sehen: Die Aufmerksamkeit für Ihre Ausführungen erreicht nie gekannte Höchstwerte. „Was! Wie machen die das? Was haben die vor?“ Und dann schlagen Sie natürlich im Anschluss eine bessere, größere, imposantere Lösung vor. Plötzlich darf das auch etwas mehr kosten. Denn: „Denen wollten wir's schon immer mal zeigen.“

Nehmen wir an, Sie sind Architekt und wollten bei Mercedes ein neues Verwaltungsgebäude bauen. Dann erwähnen Sie bei der Präsentation, wie die neuesten Pläne des Verwaltungsgebäudes bei BMW aussehen. Im Anschluss schlagen Sie natürlich für Mercedes ein Gebäude vor, das zwei Stockwerke höher ist und ein viel imposanteres Hauptportal aufweist.

Wenn Sie als Gärtner bei einem Golfclub den Auftrag zur Gestaltung einer neuen Grünanlage bekommen wollen, dann präsentieren Sie kurz, wie das der international renommierteste Golfclub in den USA oder der missgünstig beobachtete Nachbargolfclub gelöst hat.

Wenn Sie eine Umfrage gemacht haben, was den Kunden an Ihrem Unternehemen gefällt und was ihnen missfällt, dann präsentieren Sie auch, wie die Ergebnisse einer ähnlichen Umfrage bei der Konkurrenz ausgesehen hat.

Der Wettbewerbsgedanke

Der Wettbewerbsgedanke ist eine erprobte Methode, Menschen zum Handeln zu bewegen. Machen Sie aus Ihrem Anliegen ein Spiel, bei dem man gewinnen kann. Das lässt sich nicht pauschal bei jeder Art von Anliegen anwenden, aber für die Fälle, bei denen es geht, haben Sie ein mächtiges Instrument in der Hand.

Nehmen wir noch einmal das Beispiel von soeben, bei dem ein Kind beim Wandertag seinen Rucksack verloren hat: Wenn Sie die Kinder dazu bewegen wollen, den Rucksack wieder zu finden, dann teilen Sie die Klasse in Mannschaften ein und stiften Sie am besten noch einen Preis für die Siegergruppe. „Welche Gruppe den Rucksack zuerst findet, in der bekommt jeder eine Tafel Schokolade!"

Wenn Sie in der Firma die Mitarbeiter dazu bewegen wollen, bei der Einführung einer neuen Betriebssoftware jetzt diszipliniert immer die Daten der Ausgangsrechnungen ins neue System einzugeben, könnten Sie beispielsweise folgenden Wettbewerb machen: Sie stiften 100 Mark in ein Sparschein. Jeder, der einen Fehler bei der Eingabe macht, oder die Eingabe vergisst, muss 5 Mark in das Sparschwein zahlen. Am Ende jeden Monats bekommt dann derjenige das Sparschwein, der am wenigsten Fehler gemacht hat.

Keine Aussage ohne Beispiel

Ein Argument wie „Unser Programm besitzt zusätzlich eine Internet-Möglichkeit“ können Sie praktisch vergessen, weil es keine Wirkung auslöst. Ohne Beispiel ist es so, als ob es gar nicht erwähnt wurde.

Viele sagen jetzt: Ja, aber wenn ich für jedes meiner Argumente noch jeweils ein Beispiel geben würde, dann bräuchte ich das Dreifache der Redezeit. Nein, denn Sie schmücken nur zwei bis drei Argumente mit anschaulichen Beispielen aus, und den Rest lassen Sie einfach weg! Viele haben Angst, so ihre „besten Trümpfe“ nicht ausspielen zu dürfen. Die Erfahrung zeigt, dass Trümpfe nur in den Köpfen der Redner Trümpfe sind, beim Publikum kommen diese vermeintlichen Trümpfe immer dann als Leerkarte an, wenn sie ohne anschauliches Beispiel präsentiert werden. Die Wirkung beim Publikum ist um einen Multiplikationsfaktor größer, wenn Sie ein, zwei wenige Argumente plastisch ausschmücken, als wenn Sie alle Argumente ohne Beispiel erwähnt haben. *Ein* plastisches Beispiel wirkt mehr als 15 sachliche Argumente in Aufzählungsform.

Der Tod einer mitreißenden Rede: Alles erwähnen.

Viele haben beim Präsentieren das Bedürfnis, alles „Wichtige“ zum Thema zu erzählen. Aber es geht nicht darum, ein vollständiges Lexikon der Hintergründe zu schaffen, sondern es geht darum, Eindruck zu hinterlassen!

Der Flipchart – Ihr bester Freund

Als Präsident Bill Clinton während seiner Amtszeit zum ersten Mal seit Jahrzehnten einen ausgeglichenen Haushalt präsentieren konnte, benutzte er ebenfalls vor der versammelten Presse einen ganz simplen Flipchart. Die Szene spielte sich vor dem Weißen Haus ab. Er erklärte zunächst, wie hoch das Haushaltsdefizit in den vergangenen Jahren jeweils gewesen ist. Dann kam er zum Ergebnis des aktuellen Jahres. „Und dieses Jahr“, so führte er aus, „haben wir ein Haushaltsdefizit von…“ Jetzt drehte er sich um zu einem bereitstehenden Flipchart und malte mit einem Stift eine riesengroße Null auf das weiße Blatt Papier. Alle Presse- und Fernseh-Vertreter sendeten am nächsten Tag genau dieses Bild. So präsentieren Profis mediengerecht. Damit sollten auch Sie operieren.

Unterstützen Sie dramaturgisch Ihre Aussagen durch Schreiben oder Zeichnen auf dem Flipchart.

Der Flipchart ist meiner Meinung nach das Medium, das für Präsentationen die beste Dramaturgie erzeugt. Besser als eine Wandtafel – da müssen Sie immer mühsam wischen. Besser als der Overheadprojektor – dort können Sie nicht die schwungvolle, große Geste zelebrieren. Besser als ein Laptop-Beamer – da ist ein energiefressendes Medium zwischen Ihnen und Ihrem Publikum.

Angenommen, Sie präsentieren mit dem Ziel, dass in Ihrer Firma für die Mitarbeiter ein Fitnessraum eingerichtet wird. Dann gehen Sie in dem Moment, wo Sie von den Räumlichkeiten sprechen, an den Flipchart und zeichnen kurz die Umrisse des Stockwerks, wo Sie sich den Fitnessraum vorstellen. Sie glauben gar nicht, was für ein Aufmerksamkeitsruck durch das Publikum geht, sobald Sie Ihren Stift auf den Flipchart setzen. Das ist Showtime – das ist Action – das ist Dramaturgie. Zusätzlich sehen die Leute etwas, das durch Ihre Hand entsteht, und das bringt Leben.

Wenn Sie von den Kosten Ihres Projekts sprechen, dann unterstützen Sie es auf dem Flipchart. Sie sprechen: „Wir haben die Kosten im Griff. Statt der erwarteten 125.000 Euro kostet es nur *[jetzt zeitgleich auf Flip schreiben]* 80.000 Euro." Das bringt Wirkung.

Genauso wie bei Folien schreiben Sie auf den Flip nur die reduzierteste aller Botschaften. Die Kernworte – auf keinen Fall ganze Sätze! Runden Sie Zahlenwerte immer auf oder ab. Die Zahl 348.679 liest sich einfach nicht so angenehm. Rhetorik, damit sie wirken kann, braucht Vereinfachung. Schreiben Sie stattdessen 350.000.

Wenn Sie den Trick mit dem Horrorszenario als Scheinalternative anwenden, dann schreiben Sie das Stichwort des Horrorszenarios auf den Flip, dann erklären Sie, warum das nicht praktikabel ist, und streichen die Lösung mit großer Geste durch. Wenn Sie beispielsweise als Scheinalternative vier Mitarbeiter anstreben und danach nur zwei Mitarbeiter verlangen, so schreiben Sie zunächst „4 MA" auf den Flipchart und kreisen es ein. Dann, nachdem Sie erklärt haben, wieso das nicht finanzierbar ist, machen Sie schwungvoll zwei sich kreuzende Diagonalstriche durch den Kreis und schreiben darunter „2 MA" als die Lösung, die Sie bevorzugen.

Das Durchstreichen einer Lösung, die Sie verwerfen, kommt sehr gut beim Publikum an.

Ein CEO einer Internetfirma übernahm eine Firma in einem desolaten Zustand. Er fand heraus, dass es bei den Verwaltungsräten zu Unregelmäßigkeiten gekommen war und konnte durchsetzen, dass fast alle ihre Posten aufgaben. Er kam zu mir ins Rhetorik-Coaching, um die entscheidende Präsentation vor den Mitarbeitern zusammen mit mir zu entwerfen. Wir entwickelten eine Vorgehensweise mit Flipchartdramaturgie. Bei der Präsentation schrieb er die Namen der Verwaltungsräte nacheinander auf den Flipchart, erzählte dazu einige Verfehlungen, die sie sich zuschulden haben kommen lassen, und sprach dann danach:

> „Herr Dr. Maier hat unseren Verwaltungsrat quittiert *[durchstreichen mit großer Geste].* Herr Dr. Huber hat unseren Verwaltungsrat ebanfalls quittiert *[durchstreichen mit großer Geste].* Und auch Herr Dr. Wagner hat unseren Verwaltungsrat quittiert *[durchstreichen mit großer Geste].* Wir können jetzt ohne alten Ballast mit neuer Kraft weiterfahren."

Wenn Sie auf einem Flipchart Zeichnungen machen, so benutzen Sie einen möglichst großen Stift. Sie sind ein großer Mensch, der Großes mitzuteilen hat, und das dokumentieren Sie durch einen großen, breitflächigen Stift und große Lettern. Unterbewusst wird wahrgenommen, ob Sie Großes von sich halten oder nicht. Wenn Sie zeichnen, machen Sie große Zeichnungen, und benutzen Sie möglichst jeweils ein neues Blatt für eine neue Botschaft bzw. Zeichnung.

Verkaufen Sie Ihre Lösung als „Ei des Kolumbus“

Der Mannschaft von Christoph Kolumbus wurde einmal die Aufgabe gestellt, ein rohes Ei aufrecht auf einer Tischplatte so zu platzieren, dass es stehen bleibt. Alle Männer versuchten sich vergeblich an dieser Übung. Dann kam die Reihe an Kolumbus. Er nahm das Ei, schlug es leicht auf die Tischplatte, so dass der untere Teil eingedrückt war, und das Ei blieb aufrecht stehen. Seither sagt man zu einer Lösung, die brillant einfach ist, aber auf die man erst einmal kommen muss, „das Ei des Kolumbus“.

Verkaufen Sie Ihr Anliegen, Ihren Vorschlag, Ihre Lösung ebenfalls immer als „Ei des Kolumbus“. Wie können Sie das verbal machen?

> Steigern Sie vor Ihrer Lösung sprachlich die Spannung.

Machen Sie die Leute neugierig, spannen Sie sie auf die Folter, bevor Sie mit Ihrer Lösung kommen. Sagen Sie beispielsweise vorher:

> „Wir haben lange über einer Lösung gebrütet, dann sind wir drauf gekommen, was wir machen könnten. Jetzt kommt’s. Passen Sie auf.“

Und jetzt erst kommen Sie mit Ihrem Vorschlag: „Wir wandeln unsere Firma in eine Beraterfirma.“ Sie erzeugen dadurch einen Aha und Wow-Effekt. Die Leute haben einen viel, viel größeren Aufmerksamkeitspegel für Ihre Lösung, als wenn Sie unspektakulär sagen: „Heute will ich Ihnen erklären, warum es sinnvoll ist, unsere Firma in eine Beraterfirma zu wandeln“. Bei der ersten Version ist das Publikum neugierig geworden, es steht Ihrem Vorschlag von vornherein schon positiver gegenüber. Man hat den Eindruck: „Oh, der hat sich ja wirklich was überlegt.“

Das ist etwa so, als ob Sie Ihre Lösung mit einem Tuch umhüllen und dann mit einem dramatischen Trommelwirbel und Tusch als „Ei des Kolumbus“ hervorzaubern. Das ist die Art von Entertainment, die die heutige Rhetorik braucht!

Merken Sie sich bitte einen der folgenden Sätze, die Sie immer Ihrem Vorschlag voranstellen können:

> „Ich zeige Ihnen gleich etwas, das all die Probleme mit einem Schlag löst“, oder
> „Wir haben da etwas Geniales gefunden“, oder
> „Jetzt hören Sie zu“, oder
> „Passen Sie auf“, oder
> „Jetzt kommt's“, oder „*Die* Idee“.

Sie dokumentieren dadurch, dass Sie etwas Besonderes gefunden haben.

Wie Sie Ihren Vortrag wie einen Krimi aufbauen

Wie ein Krimiregisseur im Film, so können auch Sie sprachlich Spannung erzeugen: indem Sie einfach nicht gleich verraten um was es geht! Sie lassen die Zuhörer im Unklaren, was gleich folgen wird. Sie fassen nur in Worte, was der Regisseur in Bildern zeigt. Denken Sie an einen Hitchcock-Krimi: Die Frau kommt abends allein in ihre Wohnung. Schnitt. Als Nächstes sehen Sie eine Szene, wo ein Paar Schuhe hinter einem Vorhang hervorstehen. Aber Sie sehen nicht, wer es ist, und wissen nicht, was er im Schilde führt. Maximale Spannung entsteht.

Und das Ganze können Sie auch genauso gut verbal machen:

> „Ich laufe an einem Zaun entlang. Es ist Abend. Plötzlich ein Schatten jenseits des Zauns. Der Schatten bewegt sich. Es muss der Schatten eines Lebewesens sein. *[Beachten Sie bitte, dass immer noch nicht verraten wird, um was es geht.]* Der Schatten kommt auf mich zu. Ich höre schweres Atmen. Ich gehe vorsichtig langsame Schritte nach hinten, ohne den Schatten aus den Augen zu lassen…"

Wollen Sie weiterhören? Natürlich. So wird krimimäßige Spannung nur mit Worten aufgebaut.

Und wenn es Ihnen gelingt, Spannung zu erzeugen, sind die Zuhörer nicht nur von Ihrer Erzählweise gepackt, sondern auch von dem Anliegen, das Sie vertreten. Stellen Sie sich immer vor, Sie wären ein Krimidrehbuchautor. Bauen Sie eine Geschichte um Ihren Lösungsvorschlag, in der Neugier und Spannung erzeugt wird.

Sehen Sie sich folgendes Beipiel an.

> „Das längste Brainstorming, das wir jemals gemacht haben, hat drei Wochen gedauert. Wir saßen drei Wochen jeden Nachmittag eine Stunde im Konferenzraum zusammen und haben diskutiert und diskutiert. Wir hatten zum Schluss 120 Ideen gesammelt. Dann, an einem Freitag, haben Kollege Huber und ich zu Mittag in der Kantine gesessen. Plötzlich sieht er draußen auf dem Firmenparkplatz, wie ein Lastwagen rückwärts versucht, in eine Hofeinfahrt zu rangieren. Plötzlich fasst er mich am Arm und sagt mit einem stieren Blick in die Ferne: Ich hab's!"

Versuchen Sie nachzuempfinden, wie offen Sie als Zuhörer für den jetzt kommenden Lösungsvorschlag sind.

Die prinzipielle Überlegung, die es Ihnen vereinfacht, Spannung aufzubauen, lautet:

Machen Sie aus Ihrer Lösung ein Geheimnis.

Stellen Sie sich vor, Sie erzählen bei einer Firmenpräsentation Folgendes:

> „Wir haben bei unseren Kunden mal eine Umfrage in Auftrag gegeben. Wir haben den Kunden zwei Fragen gestellt: Was schätzen Sie an unserer Firma und was stört Sie an unserer Firma. Das Ergebnis war sehr interessant. An dritter Stelle, was schätzen Sie stand da? Sie werden es nicht glauben…".

Merken Sie, wie Sie jetzt hochgradig neugierig geworden sind?

> „Ich war dieses Jahr in den Ferien in New York. Dort bin ich eines Tages durch Manhattan gegangen und dann kam ich plötzlich einem Schaufenster vorbei, wo ich wie angewurzelt stehen geblieben bin. Ich habe in der Schaufensterde-

koration etwas gesehen, das mich aus den Socken gehauen hat. *[Beachten Sie bitte, dass immer noch nicht verraten wird um was es geht]* Wenn wir das hier bei uns in unserem Geschäft einführen, werden wir eine Revolution in der Branche auslösen…“

Spüren Sie jetzt Ihre Neugier auf die Lösung?

5. Die spektakuläre Eröffnung

Für die Eröffnung einer Rede gibt es einen Grundsatz in der modernen Rhetorik. Dieser Grundsatz lautet: AAAA. Ausformuliert heißt das:

Machen Sie Ihre Eröffnung **A**nders **A**ls **A**lle **A**nderen!

Beginnen Sie mit etwas Spektakulärem, das bei den Zuhörern Neugier auslöst. Denn der Beginn bestimmt den Aufmerksamkeitspegel der Zuhörer für lange Zeit. Wenn Sie mit etwas Neugier Erweckendem beginnen, wird Lust ausgelöst, Ihnen zuzuhören. Und diese Lust auf Ihren Vortrag überträgt sich auf Ihr Anliegen.

Ein Teilnehmer in meinem Seminar begann eine Rede folgendermaßen: Er kam auf das Rednerpodest und malte wortlos auf den Flipchart mit unterschiedlichen Farben einige Striche, die nicht zu etwas Gegenständlichem ergänzt werden konnten. Dann plötzlich drehte er sich ins Publikum und sagte:

> „1995 habe ich zu malen begonnen. *[Kleine Kunstpause.]* Zwei Jahre später hatte ich meine erste Vernissage. Damals verkaufte ich mein erstes Bild für 1.000 Euro an eine Galerie. Heute hängt dieses Bild immer noch in dieser Galerie. Es hängt nur noch dort, aber es ist bereits verkauft *[kleine Kunstpause]* für 42.500 Euro! Sie haben gerade miterlebt, wie ich aus einem Flipchartblatt einen Kunstgegenstand im Wert von 50.000 Euro gemacht habe.“

Egal, wie die Rede nun weitergeht, spüren Sie, wie Sie jetzt neugierig auf das Folgende geworden sind?

Weg mit alten Redeeröffnungen

Zunächst einmal: Was sollen Sie in der modernen Rhetorik nicht mehr an den Anfang stellen? Was Sie jetzt lesen, ist das Gegenteil dessen, was Sie in den meisten Rhetorikbüchern lesen und in den meisten Rhetorikseminaren hören können.

Machen Sie keine Begrüßungen mehr.

> „Ich begrüße Sie alle recht herzlich, meine sehr verehrten Damen und Herren zu meinem Vortrag über die Aufgabe der Strompreispolitik. Ich freue mich, dass Sie heute alle den langen Weg zu uns so zahlreich gemacht haben … bla, bla, bla."

Das ist Rhetorik von vorgestern! So dürfen Sie heute nicht mehr daherreden. Sagen Sie höchstens „Guten Tag". Und selbst das könnten Sie noch getrost weglassen.

Jetzt gibt es aber Leute, die steigern sich noch und begrüßen zusätzlich einzelne Anwesende:

> „Ich freue mich heute besonders, den Verwaltungsratsvorsitzenden der Kronen AG, Herrn Dr. Sebastian Schulte-Gösgen begrüßen zu dürfen. Ich begrüße unter uns auch den Landrat Franz Linderode. Ich begrüße ebenfalls Pfarrer Friedhelm Nutzinger. Ich begrüße den Moderator von Radio Allgäu, Hubert Nolte. Herzlich Willkommen heiße ich auch Bürgermeister Dr. Julius Rabe… usw., usw."

Das ist das Gegenteil von dem, wie moderne Rhetorik heute sein soll: Kurz, prägnant, spannend, unterhaltsam.

Bei diesem Begrüßungsspiel können Sie nur verlieren. Warum? Bei dieser namentlichen Nennung fühlt sich garantiert irgendeiner übergangen. Der ist jetzt während des ganzen Vortrags sauer und stellt einen negativen Energiefresser dar. Und wenn Sie mal einen wirklichen Prominenten bei sich als Gast haben, können Sie davon ausgehen, dass der das nicht mehr hören kann. Was denken Sie, wie oft beispielsweise Altbundeskanzler Helmut Kohl solche Begrüßungen ertragen muss! Der scharrt unter dem Tisch mit den Füßen und denkt: „Komm jetzt bitte zur Sache. Ich kann's nicht mehr hören!"

Keine Übersichten am Anfang einer Rede.

Ich weiß, dass in einer Vielzahl von Rhetorikbüchern genau das Gegenteil als Regel vorgegeben wird. Dort können Sie lesen: „Stellen Sie zu Beginn das Thema vor und geben Sie eine kurze Gliederung, über was Sie reden werden." NEIN, tun Sie das ja nicht. Das ist altväterlich, das tötet jede Spannung, das ist Rhetorik aus Dinosauriertagen. Wenn Sie ankündigen, über was Sie reden werden, verraten Sie wieder mal den Mörder, bevor der Krimi beginnt. Halten Sie die Leute auf Spannung! Die Zuschauer sollen nicht wissen, über was Sie reden werden. Sie müssen den Kinofilm nicht inhaltlich kennen, bevor Sie ihn sehen. Der Regisseur leitet Sie durch den Film. Sie als Redner sind Ihr eigener Regisseur. Das ist wie bei der Fernsehwerbung: Dort sagt ja auch keiner: „Jetzt sehen Sie gleich einen Spot von Haribo. Herr Gottschalk wird eine Tüte Haribo aus der Waschmaschine ziehen und dann das Ganze mit einem Witz auflösen."

Keine administrativen Ankündigungen.

Das Tödlichste, was Sie als Eröffnung einer Rede machen können ist, administrative Ankündigungen zu machen.

> „Zunächst einiges Administratives: Wer seinen Mantel aufhängen will, da vorne links haben wir Kleiderhaken. Die Toiletten sind draußen im Flur rechts die Treppe hoch. Wir machen eine Pause von 9 Uhr 30 bis 9 Uhr 45. Die Pausengetränke müssen übrigens selber bezahlt werden…“

Stellen Sie sich bitte den amerikanischen Präsidenten vor, der eine Rede beginnt mit den Worten: „Zunächst etwas Administratives: Die Toiletten sind draußen in der Vorhalle die Treppe runter…“

Spüren Sie, wie Sie sich dramatisch von einem Ideal entfernen? In diesem Buch orientiere ich mich an den besten Rednern. Wenn es die Besten am Markt nicht so machen, dann machen auch wir es nicht mehr so.

Stellen Sie sich nicht selbst vor.

Heutzutage stellen Sie sich nicht mehr selbst vor. Auch das ist Schnee von vorgestern. Sie gehen wie selbstverständlich davon aus, dass man Sie kennt. Punkt. Wenn es einen Moderator gibt, so soll der Sie vorstellen. Wenn der Veranstalter keinen Moderator hat, schweigen Sie zu Ihrer Person. Wenn Sie sich selbst vorstellen, nehmen Sie Schwung, Spannung und Dynamik aus Ihrem Vortrag. Auch hier wieder die Vorstellung, Bundeskanzler Gerhard Schröder würde vor einem Firmengremium sprechen. Er sagt:

> „Zunächst zu meiner Person: Ich heiße Gerhard Schröder, ich bin derzeit Bundeskanzler von Deutschland. Ich bin 56 Jahre alt. Vorher war ich lange Jahre Ministerpräsident von Niedersachsen …“

Ein völlig undenkbares Szenario. Sagen Sie jetzt nicht: „Aber ich bin nun mal nicht so bekannt wie Gerhard Schröder." Wenn die Zuhörer es bis jetzt nicht mitbekommen haben, wer Sie sind, dann nützt es jetzt auch nichts mehr, sich vorzustellen. Sie dokumentieren dadurch auch nonverbal, dass Sie bereits eine Größe sind. Wenn Ihre Rede gut ist, werden die Zuschauer sich schon nach Ihrem Namen erkundigen. Das fördert Ihren Ruf viel mehr, als wenn Sie wie ein „No-name" sich in Erinnerung bringen wollen. Wir orientieren uns mit der modernen Rhetorik an den besten Profis. Die machen's nicht, also machen wir es auch nicht.

Das war zunächst, was Sie nicht mehr machen sollten. Nun aber dazu, was Sie denn machen sollten. All die nachfolgend aufgelisteten Möglichkeiten können Sie nicht nur für den Beginn einer Rede anwenden, diese Elemente können Sie selbstverständlich auch während einer Rede einbauen. Am Beginn sind sie allerdings besonders eindrucksvoll.

Die persönlich erlebte Geschichte

Sie können Ihre Rede mit einer kleinen, persönlich erlebten Geschichte beginnen. Geschichten kommen immer gut! Geschichten machen neugierig. Bei Geschichten fällt es den Leuten leicht zuzuhören und Ihnen fällt es leicht zu erzählen. Sie können beispielsweise eine Anekdote erzählen. Eine Anekdote ist eine persönlich erlebte Geschichte, die zum Schmunzeln anregt.

> „Jedes Kleinkind lernt jede Woche neue Worte dazu, die es einige Wochen davor noch nicht gekannt hat. Ich bin das jüngste von neun Kindern. Bei uns zu Hause war Essen etwas Wertvolles. Wenn nach dem Essen noch etwas übrig blieb, fragte der Vater immer, wer noch etwas will, und da gingen die Finger heftig nach oben. Ich war ungefähr vier Jahre alt. Eines Tages änderte der Vater die Frage. Er fragte: ‚Wer verzichtet'. Ich sprang auf, meldete mich wie verrückt und schrie: ‚Ich, Ich, Ich.' Alle meine Geschwister schauten mich an und brachen in lautes Gelächter aus. Da habe ich blitzartig gelernt, was das Wort verzichten heißt."

Dies ist eine Anekdote. Der Unterschied zwischen einer Anekdote und einem Witz ist, dass die Anekdote wirklich passiert ist, wohingegen der Witz konstruiert und erfunden ist.

Ich empfehle nicht, zu Beginn einer Rede einen Witz zu erzählen. Das Problem ist: Witze muss man auch wirklich erzählen können. Nicht jedermann ist dafür geeignet – Gerade wenn Sie am Anfang noch mit Ihrer Nervosität zu kämpfen haben. Während der Rede, wenn Sie sich selbst wiedergefunden haben, können Sie das eher machen.

Fragen ins Publikum

Sie können Ihre Rede mit einer Frage beginnen. Stellen Sie sich vor, sie kommen auf die Bühne und sagen als Erstes: „Wer von Ihnen hat schon einmal einen Toten gesehen? Hand hoch!" Können Sie ermessen, wie danach die Spannung auf Ihre weiteren Ausfühungen steigt? Fragen ins Publikum erzeugen Neugier und bringen sofort 120-prozentige Aufmerksamkeit für Sie. Bei Fragen werden die Hirne der Zuschauer dazu angeregt, sich Antworten zu überlegen. Dadurch haben Sie die volle Fokussierung auf sich erreicht.

Bei Fragen ins Publikum müssen Sie allerdings einiges beachten. Wenn Sie Fragen stellen, so sollen Sie von der Grundhaltung wie ein Kasernen-Spieß sein. Unerbittlich müssen Sie das Publikum regieren. Sie können sicher sein, dass das Publikum von sich aus erst einmal eine zähe, träge Masse bleiben will und die Tendenz hat, in ihrem momentanen Zustand zu verharren. Nur wenn Sie auf der Bühne von Ihrem körpersprachlichen Ausdruck Regisseur und Meinungsführer sind, werden Sie Antworten aus dem Publikum bekommen. (Unterschätzen Sie das nicht, ich habe schon zu viele Redner aus diesem Grund scheitern sehen.)

Ihre Fragen ins Publikum müssen eindeutig sein. Es gibt drei Arten von Fragen, die geeignet sind: Rhetorische Fragen, Informationsfragen und Hand-Hoch-Fragen.

Rhetorische Fragen sind, wie bereits besprochen, Fragen, auf die Sie keine Antwort vom Publikum erwarten. Rhetorische Fragen zu Beginn einer Rede empfehle ich allerdings nicht. Sie wirken an dieser Stelle einfach nicht. Innerhalb einer Rede jedoch sind rhetorische Fragen ein hochwirksames Stilmittel, wie wir gesehen haben.

Informationsfragen sind Fragen, bei denen Sie eine Information vom Publikum haben wollen. „Wie viele Mitarbeiter beschäftigt Ihr Unternehmen?" Oder: „Woher kommen die Rohstoffe für Ihr Produkt?" Jetzt müssen Sie so lange warten (oder notfalls die Frage wiederholen), bis Sie die entsprechende Antwort bekommen. Sie können sicher sein, dass Sie eine bekommen werden. Bei dieser Art von Fragen ist die körpersprachliche Regisseurhaltung am wichtigsten.

Hand-Hoch-Fragen eignen sich als Frageart meiner Ansicht nach am besten. Machen Sie eine Abstimmungsfrage, bei der das Publikum nur Ja oder Nein antworten kann, und diese Antwort wird per Handheben geäußert. Zum Beispiel: „Wer von Ihnen spricht Deutsch als Muttersprache? Bitte mal Hand hoch." Mit dieser Frageart bekommen Sie ohne Zeitverlust ein Ergebnis, Sie bringen die Zuhörer dazu, aktiv zu werden, und Sie etablieren sich als Meinungsführer.

Fragen ins Publikum müssen geübt werden. Aus meinen Rhetorikseminaren weiß ich, dass da erst mal vieles falsch gemacht wird. Beispielsweise hört man da Fragen der folgenden Art: „Hat jemand ein schöneres Bild als dieses hier zu Hause?" Oder „Wer weiß nicht, was ein Diplom ist?" Das sind weder rhetorische Fragen, noch Informationsfragen, noch Hand-Hoch-Fragen. Es fehlt die Eindeutigkeit. Da können Sie sicher sein, da rührt sich niemand im Publikum, außer einige aus Erbarmen. Der Rest lässt Sie alleine im Regen stehen.

Schauen wir uns die Fragen von soeben noch einmal an: „Hat jemand ein schöneres Bild als dieses hier zu Hause?" Welche Reaktion erwarten Sie bei dieser Frage? Soll jemand aufspringen und sagen: „Ja, ich?" Wenn schon, müsste es nicht heißen: „Hat jemand ein schöneres Bild…", sondern „*Wer* von Ihnen hat ein schöneres Bild…? Hand hoch!" Die erwartete Reaktion wäre hier zwar eindeutig, aber trotzdem hätte wahrscheinlich niemand reagiert, denn niemand wird die subjektive Beurteilung eines Bildes spontan von sich geben. „Wer von Ihnen hat ein Diplom zu Hause? Hand hoch!“ Das ist eindeutig, da weiß ich, was ich tun soll. Oder: „Würden Sie sich wünschen, dass man Ihr Diplom für ungültig erklärt?“ Das ist eine eindeutige rhetorische Frage, auf die Sie keine Reaktion erwarten. Oder: „Was schätzen Sie: Wie viele Jahre braucht man durchschnittlich, um ein Universitätsdiplom zu erhalten?“ Hier erwarten Sie eindeutig eine Information vom Publikum.

Um diese Fehler zu vermeiden, fragen Sie sich während Ihrer Redevorbereitung bei jeder Publikumsfrage: „Welche eindeutige Reaktion erwarte ich?“ Geben Sie die gedachte Antwort selbst. So merken Sie unmittelbar, wenn es mit der Antwort klemmt.

Das Thema erst später verraten

Wie wir bereits weiter oben erfahren haben, sollten Sie nicht mehr eine Ankündigung machen, worüber Sie reden werden. Dies können Sie nun noch steigern und zum System erheben:

> Sprechen Sie erst einmal anonym über ein Objekt und geben erst danach eine Auflösung, wer oder was mit diesem Objekt gemeint ist.

Dies ist ein raffiniertes rhetorisches Element, mit dem Sie einen immensen Spannungsbogen aufbauen und gleichzeitig bei der Auflösung einen großen Wow-Effekt erzielen.

Nehmen wir an, Sie bekommen die Aufgabe gestellt, Ihre Lieblingsstadt zu beschreiben. Sie könnten folgendermaßen beginnen:

> „Stellen Sie sich vor, es ist zwei Uhr nachts, plötzlich klopft es an Ihrer Hotelzimmertür. Sie machen auf und was sehen Sie aus Ihren verschlafenen Augen…? Der Weihnachtsmann steht vor Ihnen… aber es ist August! Das ist mir tatsächlich passiert in der Stadt, über die ich Ihnen erzählen will – es ist New York…“

Sie lassen die Katze erst im Laufe Ihrer Rede aus dem Sack.

Anthony Robbins, einer der begnadetsten Redner in der Trainer-Branche, erzählt in einem Seminar die Geschichte von einem seiner ersten Patienten, dem er geholfen hatte. Er erzählt von einem jungen Mann, der in einem Teufelskreis steckte. Er traute sich nicht, sich um einen bedeutenden Job zu bewerben, da er sich noch zu jung fühlte. Außerdem glaubte er, nicht die entsprechende Bildung vorzuweisen. Dann hatte er aber keine Zeit, um in eine Ausbildung zu investieren, denn er musste die ganze Zeit arbeiten. Die Lösung sich selbstständig zu machen scheiterte daran, dass er nicht genügend Geld besaß. Und schließlich fand er keine Frau, weil er sich für zu jung, zu ungebildet und zu erfolglos hielt. Darüber wurde der junge Mann frustriert, fett und gewalttätig und zog nur noch Leute an, denen es ähnlich schlecht ging wie ihm. Und dann, nach einiger Zeit der Schilderung der verzwickten Lage dieses Mannes, kommt die Auflösung: Anthony Robbins sagt: „Dieser junge Mann war ich.“

Erkennen Sie wieder das Prinzip? Sie sprechen erst einmal anonym über ein Objekt oder eine Person und geben erst danach eine Auflösung, wer oder was mit diesem Objekt gemeint ist.

Ein Trainerkollege erzählte einmal während eines Seminars die Geschichte von einem 18-jährigen Menschen, den er in den Tod begleitet hatte. Der junge Mann war bei einem Unfall verunglückt und es gelang ihm nicht, vom Leben loszulassen. Nervenstränge zum Hirn waren durchtrennt. Mit einer speziellen Methode zur Reanimation gewisser Zonen gelang es ihm, wieder eine nervliche Verbindung zum Hirn herzustellen. Nach einigen Tagen konnte dieser junge Mensch endlich loslassen und sterben. Dann gab er die Auflösung: „Dieser junge Mann war mein Sohn."

Spüren Sie, wie die Geschichte eine andere Dimension bekommt, wenn Sie sie so darstellen? Die Auflösung, von welchem Objekt er spricht, kommt erst später. Er hätte es auch vorneweg erwähnen können, dass er einmal seinen eigenen Sohn in den Tod begleitet hatte, aber das hat nicht diese dramaturgische Wirkung. Das ist eben der Unterschied zwischen David Copperfield und dem Dorfzauberer. Das sind bereits die höheren Weihen der Rhetorik. Aber das können Sie auch, es ist ganz einfach.

Wenn Sie eine Rede für den Beitritt der Schweiz in die EU halten möchten, dann erzählen Sie zunächst von einem Gebiet, in dem in früheren Zeiten unterschiedliche Sprachen gesprochen wurden, in dem es 15 unterschiedliche Währungen und genauso viele eigenständige Regierungen gab. Sie alle gaben das zu Gunsten einer Zentralgewalt auf. Und erst zum Schluss als Auflösung sagen Sie: „Dieses Gebiet ist über 700 Jahre stabil geblieben bis heute – dieses Gebiet ist die heutige Schweiz."

Mitten ins Geschehen tauchen

Es gibt eine rhetorische Methode, eine Rede zu beginnen, die eine riesige Spannung aufbaut. Wie bei einem guten Kinofilm fangen Sie mitten im Geschehen an zu erzählen. Ohne jegliche Einleitung, ohne Themenbekanntgabe, ohne eine Erklärung, über was Sie reden werden. Sie beginnen einfach mitten in einer Story.

> „Als ich vor drei Jahren mit meinem Motorrad von San Francisco nach Las Vegas quer durch die Wüste fahren wollte, hatte ich noch ungefähr für 80 Meilen Sprit im Tank. Ich konnte mich aber erinnern, dass ich am Anfang der Strecke eine Tankstelle gesehen hatte…“

Ohne jegliche Einleitung sind Sie mitten in einer Story. Keiner weiß wo's langgeht – keiner weiß über was Sie reden wollen – alle kleben an Ihren Lippen.

Die reine pure Bildersprache, die wir in einem vorhergehenden Kapitel besprochen haben, ist ein gutes Mittel, wie Sie mit einem Anschnitt plötzlich mitten in einer Geschichte stehen können.

Hier ein Beispiel:

> „Professor Kandsky nimmt sein Reagenzglas. Er schüttet eine Flüssigkeit aus dem Reagenzglas in den Glasbottich. Im Glasbottich ist am Boden eine klebrige Masse. Die beiden Substanzen reagieren. Es zischt. Ein weißer Rauchnebel steigt nach oben. Professor Kandsky stellt das Glas zur Seite. Er geht in eine andere Ecke des Labors. Er macht Notizen. Plötzlich eine Explosion…“

Fast alle Romane fangen mit diesem Prinzip an. Ein Romanautor will, dass Sie von der ersten Sekunde an von seinem Roman gefesselt sind. Also fängt er mitten in einer Geschichte an zu erzählen. Dasselbe Prinzip wird oft auch in Artikeln von Nachrichtenmagazinen wie Spiegel oder Focus benutzt. Wie beim Roman will der Autor natürlich auch beim Artikel, dass Sie an seinem Artikel kleben bleiben. Also muss er von Beginn an Spannung erzeugen.

Stellen Sie sich vor, ein Redner beginnt so:

> „Sie nehmen ein Meerschweinchen. Sie nehmen ein Messer. Sie schneiden mit dem Messer dem Meerschweinchen die Gurgel durch. Das Blut fangen Sie in einer Schüssel auf. Das geronnene Blut mischen Sie jetzt mit Knoblauch, Oregano, weißem Pfeffer, etwas Kümmel und Meerschweinchenleber. Diese Füllung stopfen Sie in die Bauchhöhle des enthaarten Tieres. Bei 220 Grad stellen Sie es für eine Stunde in den Backofen. Das ist das Rezept eines Restaurants in Lima, der peruanischen Hauptstadt…"

Es könnte gut möglich sein, dass Sie nach so einem Einstieg neugierig darauf sind, mehr zu hören.

Die Demonstration – das Maximum der Anschaulichkeit

Vera F. Birkenbihl, die Spezialistin für gehirn-gerechtes Arbeiten, begann einen ihrer Vorträge folgendermaßen:

> „Machen Sie bitte alle mal mit Ihren beiden Händen eine Faust – *[alle Zuhörer tun es]* halten Sie die zwei Fäuste vor Ihrem Brustkorb gegeneinander *[alle machen es nach]* und schauen Sie jetzt mal von oben auf Ihre Fäuste: *[kleine Kunstpause]* Das ist ungefähr die Größe Ihres Gehirns. Mehr ist das nicht. Wenn Sie große Hände haben, ist es weniger."

Wollen Sie nach so einer Eröffnung mehr über die neuesten Erkenntnisse der Hirnforschung hören? Na wahrscheinlich!

Machen Sie eine Demonstration.

Demonstrationen sind ein universelles Instrument, um eine Rede mit Schwung und Effekt zu eröffnen. Sie führen irgendetwas vor oder lassen das Publikum aktiv mitmachen. Das ist moderne Rhetorik – das ist Copperfield.

Mit einer Demonstration bringen Sie eine unwahrscheinliche Aufmerksamkeit in Ihren Vortrag. Aussagen und Regeln werden plastisch, fühlbar und anschaulich.

Bodo Schäfer, seines Zeichens Startrainer zum Thema Finanzen, benutzt in seinen Seminaren an einigen Stellen ebenfalls Demonstrationen. So macht er beispielsweise anschaulich, warum die meisten Menschen nicht in der Lage sind, von dem, was am Ende eines Monats vom Gehalt übrig bleibt, zu sparen. Dazu nimmt er eine volle, geöffnete Wasserflasche und führt aus:

> „Das ist Ihr Gehalt am Anfang des Monats. Jetzt zahlen Sie erst einmal die Miete. *[Er schüttelt die Flasche, so dass ein großer Schwung Wasser auf dem Fußboden landet.]* Dann müssen Sie Ihr Auto tanken und reparieren lassen. *[Wieder verschüttet er etliches Wasser auf den Fussboden.]* Dann kaufen Sie zum Essen ein und gehen ab und zu ins Restaurant. *[Wasser auf den Fußboden.]* Jetzt leisten Sie sich mal wieder was zum Anziehen. *[Wasser auf den Fussboden.]* …"

Und so fährt er fort, bis in der Wasserflasche nichts mehr drin ist. Der Teppichboden des Seminarraums ist mit Wasser vollgesogen. Dann erklärt er: „Und jetzt von dem, was übrig bleibt, spare ich dann etwas. Wie Sie sehen, funktioniert das leider nicht.“ Mit so einer Demonstration ist das Maximum an Begreifbarkeit erreicht.

Jetzt habe ich eine schöne Möglichkeit gefunden, wie jeder von selbst auf solche anschaulichen Demonstrationsideen kommen kann. Lassen Sie mich noch einmal zurück zu den Gleichnissen gehen. Zur Wiederholung: Mit Gleichnissen unterstützen wir Aussagen, indem wir eine bildhafte Vergleichssituation aus der Alltagswelt beschreiben, die dem Zuhörer gut bekannt ist. Nehmen wir noch mal das Beispiel von soeben, wo wir den Umstieg auf eine neue Software mit dem Umstieg von der Schreibmaschine zum Computer verglichen haben.

> „Dieses neue Programm braucht nur am Anfang mehr Zeitinvestition, es ist komplizierter, aber am Ende wir es Ihnen sehr viel Zeit ersparen. Und Sie haben neue Möglichkeiten, von denen Sie jetzt nur träumen. Das ist etwa dasselbe, wie damals, als Ihre Sekretärin von der Schreibmaschine auf Computer umlernen sollte. Erinnern Sie sich noch, welche Widerstände es da gab?
>
> Mit der Schreibmaschine ist es doch so viel einfacher. Papier einspannen schreiben und fertig. Den Computer muss man erst mühsam hochfahren, das Programm aufrufen, den Drucker anknipsen, die komplizierten Menüs bedienen lernen. Für denselben kleinen Brief braucht es fünfmal so lange und ist viel, viel komplizierter. Ein kleiner Fehler beim Schreiben und man muss alles noch mal ausdrucken. Vorher brauchte man nur einen kleinen Tastendruck mit Tippex und die Sache war geritzt…
>
> Erinnern Sie sich noch an diese Argumente? Schauen Sie, so ist es auch mit dieser neuen Software. Ihre alte Lösung, so wie Sie es bisher erledigt haben, funktioniert auch, so wie

auch Ihre Schreibmaschine damals dieselben Ergebnisse gebracht hat. Aber würden Sie heute auf Ihren Computer verzichten wollen und wieder zur Schreibmaschine zurückgehen?“

Dieses Gleichnis wurde in Worten gezeichnet. Um jetzt auf eine Demonstrationsidee zu kommen, machen Sie nichts anderes, als dass Sie dieses Beispiel sichtbar mit greifbaren Objekten darstellen.

Übertragen auf das vorhergehende Beispiel würde das heißen, Sie nehmen eine echte Schreibmaschine und einen echten Computer mit auf die Bühne. Sie sagen:

„Ich erinnere mich, 1987 sollte unsere Sekretärin von der Schreibmaschine auf einen Computer umstellen. Sie hat sich mit Händen und Füßen gewehrt. Sie hat mit Recht gesagt, vorher war alles besser: viel einfacher, übersichtlicher und auch noch schneller. Der Chef hat gesagt: Schreiben Sie bitte ein kurze Notiz an Firma Meyer AG, dass der Termin verschoben wird. *[Jetzt gehen Sie an die Schreibmaschine und schreiben, indem Sie laut mitsprechen.]* Wir bitten den Termin vom 30.1.87 auf nächste Woche zu verschieben. Mit freundlichen Grüßen. *[Jetzt ziehen Sie das Blatt Papier aus der Schreibmaschine, stecken es in ein Kuvert.]* In *einer* Minute habe ich den Brief versandfertig.

Jetzt aber mit dieser neuen Höllenmaschine. Ich muss sie erst einstecken. *[Sie nehmen den Stecker und suchen eine Steckdose.]* Jetzt gibt es keine Steckdose, ich brauche ein Verlängerungskabel. *[Kramen Sie umständlich ein Verlängerungskabel hervor.]* Jetzt muss ich erst anknipsen und warten bis der Computer hochfährt. *[Sie schalten ein.]* Wie heißt jetzt nochmal der Befehl, um das Programm zu starten? *[Sie nehmen das Handbuch und suchen darin.]* Und wo bleibt die wahnsinnig praktische Möglichkeit mit dem Durchschlagpapier – das ist nicht mal mehr möglich usw., usw.“

So machen Sie bildhaft vor, wie die damalige Sekretärin wirklich reagiert hat. (So war es tatsächlich. Fragen Sie mal Mitarbeiterinnen aus dieser Zeit.) Und dann kommen Sie zur Quintessenz:

> „Schauen Sie, das *[Sie deuten auf die Schreibmaschine]* ist Ihr heutiges Programm. Sie kriegen es schnell hin, Sie kriegen es einfach hin, das System kann alles, was Sie brauchen. Und jeder kennt sich aus. Und das ist das neue System, das wir Ihnen installiert haben. *[Sie deuten auf den Computer.]* Es braucht länger, ist komplizierter, vorher ging's ohne Abstürze und *niemand* kennt sich aus. Trotzdem ist das hier *[Sie deuten auf den Computer]* das bessere System. Nachdem Sie sich an die Abläufe gewöhnt haben, nachdem Sie die Möglichkeiten entdeckt haben, von denen Sie jetzt nur träumen, werden Sie nie, nie wieder zum alten System zurückwollen."

Gleichnisse in Worten haben schon einen großen Überzeugungswert. Wenn Sie das hingegen als Demonstration mit echten Objekten präsentieren, sind Sie fast jedem Angriff entrückt. Das Begreifbare schließt, noch mehr als das Gleichnis, die Logik praktisch völlig kurz.

Aus den obigen Beispiel können wir eine einfache Regel ableiten, die es uns erlaubt, immer anschauliche Demonstrationen zu finden:

> Suchen Sie zunächst ein bildhaftes Gleichnis – dieses Gleichnis stellen Sie dann mit echten Objekten dar.

Mit diesem Ansatz habe ich in einem meiner Vorträge ebenfalls eine Demonstration eingebaut. Ein großer Farbenproduzent engagierte mich für eine Vortragsreihe, die er für seine A-Kunden abhielt. Die A-Kunden waren meist selbstständige Malermeister. Das Problem der Malereibranche ist, dass die einzelnen Anbieter praktisch nur über den Preis verkaufen. Ich wollte in meinem Vortrag den Malermeistern klarmachen, dass sie im Markt nur dann eine Rolle spielen und nicht mehr über den Preis verkaufen müssen, wenn sie sich spezialisieren.

Dazu hatte ich folgendes Gleichnis gefunden.

> „Gehen Sie spitz, statt breit in den Markt. Ein breiter Metallstab geht nur mit Widerstand voran. Einen Nagel mit einer dünnen Spitze schlagen Sie mit ein paar Hammerschlägen ins Holz."

Mit der obigen Regel habe ich jetzt aus dem Gleichnis eine Demonstration gemacht. Ich stellte das Gleichnis einfach mit echten Objekten dar. Dazu besorgte ich mir einen großen Nagel, mehrere Bleistifte, einen Block Fichtenholz und ließ mir ein Stück Metallrohr auf der einen Seite zuschweißen. Dann erklärte ich den ca. 150 Malermeistern:

> „Dieses Holz hier ist der Markt. Da wollen wir eindringen. Das Rohr hier ist das Angebot Ihrer Firma. Sie versuchen mit einem breiten Angebot in den Markt zu gehen: ‚Malerarbeiten aller Art'. Sie machen Renovierungen. *[Ich steckte einen Bleistift in das Rohr]* Sie machen Neubauten. *[Der nächste Bleistift kommt in das Rohr]* Sie machen Einfamilienhäuser. *[Wieder ein Bleistift in das Rohr]* Sie machen Industriebauten. *[Ein Bleistift dazu]* Sie machen Innenanstriche. *[Ein Bleistift dazu].* Sie machen Kelleranstriche. *[Ein Bleistift dazu]* usw. Sie bieten eine breite Palette an.
>
> Jetzt versuchen wir mal mit unserem breiten Angebot in den Markt einzudringen, so dass der Markt uns wahrnimmt. *[Ich versuche das Rohr mit einem Hammer in das Holz zu schlagen] [Kunstpause]* Es gelingt nicht. Wenn Sie sich aber auf eine Kerntätigkeit spezialisieren, dann passiert Folgendes:

Nehmen wir an, Sie sind *der* Spezialist für Renovierungen von Fassaden von Jugendstil-Villen *[Ich nehme den großen Nagel und mit einem Schlag treibe ich ihn in das Holz]* Wenn Sie im Markt eine Rolle spielen wollen, so dass der Markt Sie kennt und die Kunden von selbst auf Sie zukommen – *[Kunstpause]* – dann müssen Sie sich konzentrieren."

Ich erinnere mich noch an die Blicke der Malermeister. Mit solchen Demonstationen lösen Sie Faszination aus!

Jetzt gibt es noch eine weitere Steigerung von Demonstrationen:

Lassen Sie das Publikum die Demonstration selbst machen.

Dies ist die höchste Form an Wirksamkeit, die Sie erreichen können.

Anstatt als Redner die Demonstration alleine vorzumachen, lassen Sie jeden Einzelnen im Publikum die Demonstration selbst durchführen. Das ist nicht bei allen Demonstrationen durchführbar, aber wenn es einmal gelingt, dann haben Sie einen durch nichts zu überbietenden Eindruck hinterlassen.

Versuchen wir einmal, dieses Prinzip auf vorheriges Beispiel zu übertragen. Jetzt müsste jeder im Publikum ein Rohr, einen Hammer und einen Nagel auf seinem Platz haben. Anstatt nun als Redner das Rohr mit dem Hammer in das Holz zu treiben, lässt man das alle Teilnehmer im Publikum machen. Das wäre das Prinzip. Wie Sie aber erkennen, ist das nicht bei jedem Anwendungsbeispiel praktikabel. Hier hielte ich es beispielsweise für zu aufwändig. Aber in anderen Fällen geht es sehr oft.

Erinnern Sie sich noch an das Beispiel einige Seiten weiter vorne im Buch? Dort hat eine Rednerin die Leute mit den Knien zittern lassen, um deutlich zu machen, wie sich ein Querschnittsgelähmter fühlt. Das war eine Aktiv-Demonstration.

Ebenso das Beispiel, in dem alle auf die Knie gehen sollten, um sich das Blickfeld eines Kindes vorzustellen. Mit so einer Aktiv-Demonstration gibt es für Gegner dieser Lösung fast keine Chance mehr.

Anschauungsobjekte

Stellen Sie sich vor, Sie beginnen eine Rede folgendermaßen:

> „1989 ging ein Imperium zu Grunde. *[Jetzt nehmen Sie einen Stein aus einer Tüte und halten ihn ins Publikum]* Dies hier ist ein Stück Berliner Mauer.“

Sie können sicher sein, das Publikum wird wie gebannt auf Ihr Stück Stein starren und höchst gespannt darauf warten, was als Nächstes kommt.

Anschauungsobjekte bringen eine enorme Aufmerksamkeit.

> Nehmen Sie irgendein Objekt mit auf die Bühne, das Sie dem Publikum zeigen können.

Sie erinnern sich an den Grundsatz: „Keine Aussage ohne Beispiel“. Erzählte Beispiele lassen eine Aussage erst wirken. So wie Demonstrationen eine Weiterentwicklung von Gleichnissen sind, sind Anschauungsobjekte die Weiterentwicklung von Beispielen.

Sie können etwas Beliebiges mitnehmen, was auf Ihren Vortrag Bezug nimmt. Damit wird Ihr Vortrag im wahrsten Sinne des Wortes „greifbar". Es ist faszinierend zu beobachten, wie alle Blicke des Publikums von einem in der Hand gehaltenen Objekt magisch angezogen werden.

Wenn Sie über „Strompreispolitik" referieren, besorgen Sie sich doch mal ein Strommessgerät aus den 50-er Jahren und zeigen es dem Publikum.

Wenn Sie über das Klonen von Menschen referieren, dann besorgen Sie sich zum Beispiel irgendeine Zeitschrift, auf der dieses Thema Titelstory gewesen ist.

Wenn Sie für Freigabe von weichen Drogen plädieren, dann nehmen Sie doch mal einen Joint mit auf die Bühne.

Mitgebrachte Anschauungsobjekte sind etwas Fabelhaftes. Sie sind wirksamer als ein mit Worten entworfenes Bild und auch wirksamer als ein Foto. Es ist im wahrsten Sinne des Wortes „begreifbar" und Sie haben eine enorme Aufmerksamkeit erreicht.

Bei Anschaungsobjekten müssen Sie nur zwei Dinge beachten

1. Enthüllen Sie Ihr Objekt auch wirklich erst dann, wenn Sie darauf Bezug nehmen. Die Überraschung ist nur gewahrt, wenn Sie es vorher versteckt halten. (So machen es wenigstens Copperfield-Redner – Dorfzauberer zeigen es schon vorher.)
2. Reichen Sie Anschauungsobjekte nicht im Publikum herum. Das nimmt die Aufmerksamkeit von Ihrem Vortrag. Das ist Schulunterricht und amateurhaft.

6. Der letzte Schliff

Die Nervosität in den Griff kriegen

Mick Jagger, Sänger der Rolling Stones, wurde bei einer seiner letzten Tourneen von einem Journalisten gefragt, ob er nach 40 Jahren auf der Bühne immer noch nervös sei. Jagger antwortete: „Wer vor 60.000 Menschen auf die Bühne tritt und nicht nervös ist, ist einfach nicht normal."

Nervosität bei einem Auftritt ist wirklich normal. Das gilt für ein Konzert vor 60.000 Menschen genauso wie für eine Rede vor zehn Menschen. Nervosität beim Reden hat auf keinen Fall etwas mit mangelndem Selbstbewusstsein zu tun. Die Nervosität vor dem Reden gehört zu den Urängsten der Menschheit, genauso wie die Höhenangst oder die Angst vor der Dunkelheit. Da würde Ihnen ja auch niemand vorwerfen, Sie hätten nur mangelndes Selbstbewusstsein. Ich habe einen Erklärungsversuch dafür, warum sich bei fast allen Menschen erst einmal Nervosität einstellt, wenn sie vor eine Gruppe von Menschen treten. In der Zeit, als der Mensch noch in Höhlen gelebt hat und jeder einzelne Stamm und jede Sippe ihr Territorium gegenüber den anderen verteidigen musste, war jeder, der sich vor einer unbekannten größeren Menge exponiert hat, angreifbar. Aus der anonymen Masse konnte er mit einem Speer oder Wurfpfeil getötet werden. Früher zeigten wir niemandem unsere Brust als Zielscheibe. Sobald wir das taten, zeigte der Körper Angstreaktionen. Das ist uns bis heute geblieben.

Es gibt unzählige Methoden, um die Nervosität in den Griff zu bekommen. Ich stelle Ihnen hier die aus meiner Sicht wirksamsten vor.

Die beste Nervositätsbekämpfung: Üben, Üben, Üben.

Diesen Grundsatz habe ich aus meiner eigenen Biografie gelernt. Im Laufe meiner Karriere habe ich immer wieder neue Nervositätsbekämpfungsmethoden ausprobiert. Jede hatte für sich eine kleine oder größere Verbesserung gebracht, aber der beste Trick gegen Nervosität, zehnmal wirksamer als alle anderen zusammen, blieb folgender: Reden, Reden, Reden. Routine heißt das Zauberwort. Ich habe gemerkt: Ob ich ein Thema vortrug, wo ich mich in und auswendig auskannte, ob ich ein Thema vortrug, wo ich gerade nur einen Artikel gelesen hatte oder ob ich eine improvisierte Stegreifrede hielt – meine Nervosität war eigentlich immer etwa gleich. Der Quantensprung der Nervositätsbekämpfung ging mit der Routine einher. Es gibt Rhetoriktrainer, die sagen, Vorbereitung wäre das A und O. Ich habe die Erfahrung gemacht: Im Vergleich zur Routine spielt das fast keine Rolle mehr. Deshalb suchen Sie, wo immer Sie es können, die Gelegenheit, eine Rede vor Publikum zu halten. Wir sind Weltmeister im Ausredensuchen, wie wir uns vor einer Rede drücken können. Werden Sie Weltmeister darin, Gelegenheiten zu suchen, wo Sie öffentlich reden können. Bei Jubiläen, bei Geburtstagen, beim nächsten Team-Meeting, bei der nächsten Projektsitzung, bei der Weihnachtsfeier… usw., usw. Oder gehen Sie doch an eine Erwachsenenschule und bieten dort an, selbst einen Kurs zu geben. So habe auch ich es damals gemacht. Klar, Sie müssen aus Ihrer Komfortzone rausgehen und etwas tun, was Sie sich eigentlich gar nicht zutrauen. Aber nur so wachsen Sie.

Drehen Sie Ihre negativen Gedanken in positive.

Das Problem, wenn Sie vor Publikum treten, sind Ihre Gedanken: „Hoffentlich vergesse ich nichts"; „Wenn ich nicht gut bin, habe ich mich vor allen blamiert"; „Was ist, wenn ich einen Blackout habe"... usw. Sie konzentrieren sich auf alles, was schief gehen könnte, kurzum nur auf das Negative. Und da setzen wir an. Der Mensch ist das einzige Wesen auf der Erde, das seine Gedanken bewusst steuern kann, und das tun wir. Sie legen sich in Ihrem Kopf einen positiven Gedanken zurecht, den Sie in einer Art Endlosschleife immer wiederholen. Ich empfehle Ihnen den Satz: „Ich hab euch etwas Geniales mitzuteilen. Ich hab euch etwas Geniales mitzuteilen. Ich hab euch etwas Geniales mitzuteilen..." Dadurch kehren Sie die Negativspirale um. Die Gedanken sind auf das Positive gerichtet. Sie lassen nur den einen Gedanken zu und verdrängen damit die Nervosität steigernden schwarzen Gedanken.

Sagen Sie sich vor dem Auftritt: Ich mag dieses Publikum.

Sagen Sie zu sich: Ich habe denen was zu bieten. Das macht Sie sicherer und Sie bekommen eine positivere Ausstrahlung. Das Publikum spürt, was Sie von ihm halten. Sie bekommen das dann wieder an Wohlwollen zurück.

Akzeptieren Sie das schlimmste Szenario.

Stellen Sie sich vor, was Ihnen als Schlimmstes beim Reden passieren kann. Der Super-GAU. Sie reden Unsinn, werden rot, blamieren sich, die Stimme bebt, die Leute gehen während Ihrer Rede, sie werden ausgelacht oder was auch immer. Sagen Sie sich: „OK, das akzeptiere ich. Soll's doch passieren." Und dann stellen Sie dieses Szenario Ihren letzten zehn Minuten vor Ihrem Tod gegenüber. Welche Gewichtung hat dieser „GAU" dann in diesem Moment? Das hilft.

Reden Sie vor dem Vortrag locker mit jemandem.

Wenn Sie vor der Rede nur auf sich selbst konzentriert sind, kreisen Ihre Gedanken meist nur um ein Katastrophenszenario. Das ist gefährlich. Ablenkung täte Not. Die können Sie haben. Suchen Sie vor Ihrer Rede jemanden, mit dem Sie ein lockeres Gespräch führen können. Langsam, aus einer lockeren Diskussion heraus, gehen Sie dann in die exponierte Stellung. Die Ruhe und Entspannung nehmen Sie dabei mit.

Jetzt gibt es aber auch unzählige handfeste Übungen, um körperliche Auswirkungen der Nervosität in den Griff zu bekommen. Bei all den Übungen gilt ein Grundprinzip: Entspannte Menschen atmen ruhig und im Bauch. Nervöse Menschen atmen schnell und im Brustbereich. Wir disziplinieren einfach unseren Körper vom Verstand her auf ein ruhiges Verhalten. Wir atmen bewusst im Bauch und unterstützen den Ein- und Ausatmenrhythmus mit unseren Körperbewegungen.

Ich möchte Ihnen aus der Vielzahl von körperlichen Übungen nur zwei vorstellen, die Sie unbemerkt machen können. Zunächst eine Übung im Sitzen.

Sie sitzen mit aufrechtem Oberkörper. Jetzt beugen Sie sich leicht mit dem Oberkörper nach vorne. Dabei atmen Sie bewusst im Bauch ein (Vorstellung: Ihr Bauch wird wie ein Ballon aufgebläht). Beim Zurückgehen atmen Sie wieder aus. Je langsamer Sie diese Bewegung machen, umso ruhiger werden Sie. Machen Sie diese Übung jetzt bitte wirklich.

Nun die Übung im Stehen. Sie gehen leicht auf die Zehenspitzen und atmen dabei wieder im Bauch ein (Vorstellung: Ihr Bauch wird wie ein Ballon aufgebläht). Beim Absenken atmen Sie wieder aus. Je langsamer Sie die Bewegung machen, umso ruhiger werden Sie. Auch diese Übung jetzt bitte ausprobieren.

Diese körperlichen Übungen können Sie nun mit der mentalen Übung von soeben kombinieren. Sagen Sie sich dabei: „Ich habe euch etwas Geniales mitzuteilen. Ich habe euch etwas Geniales mitzuteilen. Ich habe euch etwas Geniales mitzuteilen…“

So einfach sind Jubiläumsreden

Einer der häufigsten Anlässe, zu denen eine Rede gehalten wird, sind Jubiläen: Ein Geburtstag, eine Hochzeit, ein zwanzigjähriges Firmenjubiläum, eine Taufe, eine Schulabschlussfeier und was es sonst noch alles so gibt.

Bei all diesen Gelegenheiten erwartet man insgeheim, dass jemand aufsteht und ein paar Worte zu Ehren des Jubilars spricht.

Ich habe nun viele Strickmuster aus Rhetorikbüchern getestet, wie man eine solche Jubiläumsrede gestalten kann. Aber das Problem war, dass die Reden meiner Einschätzung nach meist zu sehr an der Oberfläche geblieben sind.

Mein Anliegen war es aber, dass der Jubilar im Herzen gerührt wird. Also habe ich selbst eine Vorgehensweise entwickelt, die das automatisch auslöst. Wenn Sie also eine Rede halten wollen, die etwas mehr Tiefgang hat, dann erreichen Sie das mit folgender einfachen Regel:

> Erzählen Sie einfach eine Geschichte. Von wem?
> Natürlich vom Jubilar.

Das ganze rahmen Sie (am Anfang) mit der Erwähnung des Jubiläumsanlasses und (am Ende) mit einer Gratulation und einem Danke ein.

Welche Geschichte nun soll ich vom Jubilar erzählen? Ich empfehle zwei Arten:

- Erzählen Sie eine Anekdote oder lustige Begebenheit.

- Erzählen Sie eine Geschichte, in der Sie ihn bewundert haben oder wo Sie ihn als Vorbild nehmen konnten.

Erzählen Sie eine Anekdote oder lustige Begebenheit.

„Lieber Franz. Heute feiern wir deinen dreißigsten Geburtstag. Ich kenne dich jetzt schon seit 15 Jahren. Schon 15 Jahre lang bist du mein Freund. Wir haben immer eine tolle Zeit zusammen gehabt und einiges zusammen erlebt. Etliche Nächte durchzecht, etliche Berge bestiegen und etliche Urlaube zusammen verbracht. Es war immer lustig mit dir. Ich erinnere mich da an eine Geschichte.

Weißt du noch, wie wir zusammen in Österreich im Urlaub waren? Da war dieses Hotel. Wir sind wie immer abends weg, um die Stadt unsicher zu machen. Du warst sicher, dass das Hotel nachts auch geöffnet blieb. Wir sind dann am ersten Abend um drei Uhr morgens nach Hause gekommen. Und was war passiert? Natürlich war die Hoteltüre verrammelt. Und kein Portier mehr weit und breit zu sehen. Aber du konntest dich erinnern, dass du hinten im Hof ein Fenster gesehen hattest, das halb offen stand. Du warst sicher, dass das Fenster in den Hotelflur ging. Wir sind nach hinten gegangen. Ich habe dich auf meine Schultern steigen lassen. Du hast das Fenster aufgestoßen und bist leise eingestiegen. Erinnerst Du dich noch an die Schreie der Frau? *[Kunstpause]*

Franz, mit dir war es noch niemals langweilig und ich hoffe, dass wir noch einige schöne Dinge zusammen erleben werden. Ich bin stolz darauf, dass ich dich als meinen Freund bezeichnen darf. Ich erhebe nun mein Glas und trinke auf dein Wohl.“

Viele Anleitungen für Jubiläumsreden empfehlen die Aufzählung von positiven Eigenschaften des Jubilars in unterschiedlichen Lebensbereichen. Das klingt dann in etwa so:

„Liebe Mutter. Du bist warmherzig, offen, hilfsbereit, natürlich, freundlich, naturliebend…“ usw. Diese völlig unpersönlichen Attribute haben leider niemals dieselbe Wirkung, wie wenn Sie nur eine dieser Eigenschaften herausnehmen und eine plastische Geschichte dazu erzählen. Wie bei der Überzeugungsrede ist es auch bei der Jubiläumsrede für die Wirkung nicht entscheidend, möglichst viele „Argumente“ erwähnt zu haben, sondern ein „Argument“ so bildhaft und konkret wie möglich darzustellen.

Erzählen Sie eine Geschichte, in der Sie den Jubilar bewundert haben oder wo Sie ihn als Vorbild nehmen konnten.

„Lieber Hans. Heute feierst du dein 20-jähiges Betriebsjubiläum. Ich bin stolz, dass wir dich hier so lange schon als wertvollen Mitarbeiter in unserer Firma haben dürfen. Es ist immer eine Freude, mit dir zusammenzuarbeiten. Du bist jemand, auf den man sich immer verlassen kann und der uns auch menschlich einiges zu geben hat.

Ich weiß noch, als ich hier angefangen habe, da habe ich nach ein paar Monaten mit dir zusammen das Südafrika-Projekt bekommen. Wir hatten alle bis in die Nächte hinein gearbeitet, weil wir bis zu einem bestimmten Datum fertig werden mussten, ansonsten drohte uns eine Konventionalstrafe. Dann musste ich alleine runter nach Südafrika fliegen für die Inbetriebnahme. Hans, du hattest zwei Jahre lang keinen Urlaub mehr nehmen können und bist zur selben Zeit in die USA in deinen wohlverdienten Urlaub gefahren. Ich komme unten in Südafrika an, wir bauen unsere Installation auf und plötzlich kommt nachts ein Anruf in mein Hotel, dass die Transformatoren ausgefallen sind. Ich bin sofort mit dem Taxi zur Firma gerast. Die Produktion musste angehalten werden. Ich war ganz alleine da unten und völlig verzweifelt. Ich hatte erst ein paar Monate Betriebserfahrung und hatte keine Ahnung, wie ich das wieder hinkriegen könnte.

Ich hab sofort in der Firma angerufen, und die hatten die Idee, einen neuen Trafo per Schiffsfracht auf den Weg zu schicken. Frachtdauer zehn Tage. Und vor Ort stand eine ganze Firma still. Am nächsten Tag kam dann ein Anruf. Du warst dran und du hast gesagt, ich soll dich bitte vom Flughafen in Johannisburg abholen. Jetzt hat dich damals der Fritz in den USA in deinem Urlaub angerufen – du hast sofort deinen Urlaub abgebrochen und bist mit der nächsten Maschine nach Südafrika gekommen. Innerhalb von zwei Tagen hast du es geschafft, mit ein paar Ersatzteilen, die man vor Ort kaufen konnte, den Trafo wieder flott zu kriegen.

Damals ist mir bewusst geworden, was für ein unwahrscheinliches Ingenieurwissen und Erfahrung du hast und was für ein großer Mensch du bist. Da hab ich dich so bewundert. Ich bin dir heute noch dankbar, dass du mich dort unten nicht hast hängen lassen. Hans, ich habe damals menschlich etwas von dir gelernt: Du bist mir heute noch ein Vorbild. Wir erheben das Glas und Trinken auf dein Wohl."

Am Ende dieser Rede wurde noch einmal klar ausgesprochen, dass er stolz auf ihn ist, dass er ihm dankbar ist und dass er etwas von ihm gelernt hat.

Solche Sätze kommen vielen Menschen oft schwer über die Lippen, aber erst dadurch gewinnen Geschichten bei einer Jubliäumsrede Tiefgang und lösen echte Rührung aus.

Bauen Sie deshalb in eine Jubiläumsrede am Ende Sätze der folgenden Art ein:

„Ich danke dir für die Zeit, die ich mit dir habe verbringen dürfen."
„Ich bin dankbar, dass du mein Bruder bist …"
„Ich bin stolz auf dich …"
„Da hast du mir imponiert …"
„Da habe ich dich bewundert …"
„Da warst du mein Vorbild …"
„Das hab ich was von dir gelernt …"

Die Simulgantechnik©

Eine wichtige Basisfähigkeit zur Rhetorik ist – Ihr Wortschatz. Je mehr Worte Sie zur Verfügung haben, umso besser können Sie sich ausdrücken.

Die deutsche Sprache umfasst ca. 400.000 Worte. Im Duden befinden sich zirka 120.000 Worte. Ihr passiver Wortschatz – das sind alle Worte, die Sie verstehen, aber nicht unbedingt selbst benutzen – liegt zwischen 30.000 und 50.000 Worten. Das Wort „bilateral" zum Beispiel werden Sie vielleicht kennen und verstehen, aber nicht selbst gebrauchen. Ihr aktiver Wortschatz – das sind alle Worte, die Sie im Laufe eines Jahres mindestens einmal in den Mund genommen haben – liegt bei 3.000 bis 5.000 Worten: ungefähr ein Zehntel von Ihrem passiven Wortschatz. Es geht jedoch noch eine Stufe drunter: die Bildzeitung. Die kommt mit zirka 1.000 Worten aus. Das bedeutet andererseits, dass man mit 1.000 Worten alles ausdrücken kann. Konrad Adenauer beispielsweise sagt man nach, dass er mit einem Wortschatz von 1.000 Worten auskam.

Um Ihren aktiven Wortschatz zu erweitern, müssen Sie also nicht neue, unbekannte Fremdwörter dazulernen. Es reicht, wenn Sie Worte aus dem passiven Wortschatz in den aktiven heben. Also Worte, die Sie sowieso schon kennen, aber einfach nicht benutzen.

Ich habe eine Technik kreiert, die Ihnen das ohne Zeitverlust ermöglicht. Sie sind in der Lage, jeden beliebigen Sprecher, ob Radio, Fernsehen oder von Kassette, unmittelbar nachzusprechen. Tun Sie das jetzt einfach mal zum Spaß. Machen Sie das Radio oder den Fernseher an und sprechen Sie zeitgleich dem Sprecher nach. Das gelingt auf Anhieb.

Ich habe diese Technik die Simulgantechnik© genannt. Simulgan heißt: Simultan, also gleichzeitig aufnehmen und nachsprechen. Das GAN am Ende bedeutet: **G** für Gleichzeitig, **A** für Aufnehmen, **N** für Nachsprechen.

Worin nun liegt der große Nutzen der Simulgantechnik?

Ohne zusätzlichen Zeitaufwand erweitern Sie Ihren Wortschatz. Radio und Fernsehen hören Sie ja sowieso, Audioprogramme hören Sie, hoffe ich, auch. Also nutzen Sie diese Möglichkeit doch. Sprechen Sie, wo immer Sie einen Sprecher hören, einfach nach. Wenn Sie wirklich nachsprechen anstatt nur zu hören, kennt Ihr Hirn diese Worte als bereits benutzte. Sie sind aktiv dabei. Und wenn Sie beispielsweise das Wort „bilateral“ selber dreimal laut ausgesprochen haben, ist die Chance, dass Sie dies wieder tun, dramatisch gestiegen. Ihr passiver Wortschatz wird Stück für Stück aktiviert.

Nächster Vorteil: Sie bekommen eine sauberere Aussprache. Sie imitieren automatisch den Sprecher – und das sind meistens Profis. Nach einiger Zeit übernehmen Sie das Sprechverhalten von Profisprechern.

Sie werden schneller im Sprechen. Wenn Sie Sprecher als Modell nehmen, die in Maschinengewehrtempo daherreden, so werden Sie das auch nach einer gewissen Zeit können.

Sie werden schneller im Denken. Die Reaktionszeit zwischen Hören und Sprechen wird immer kürzer. Damit verkürzt sich auch die Zugriffszeit auf die Worte.

Sie behalten mehr vom dem, was Sie simulgan mitreden, und Sie behalten es länger.

Und noch eins oben drauf: Sie können die Simulgantechnik sogar anwenden, wenn Sie eine Fremdsprache mit einem Kassettenlernprogramm erlernen. Sie können von der ersten Silbe an sofort die ganze Kassette simulgan mitsprechen. Der Lerneffekt ist um ein Vielfaches höher, als wenn Sie nur mithören würden.

Was Sie noch machen können: Sprechen Sie einfach beliebige Nachrichten in Französisch, Englisch oder Italienisch simulgan mit. Sie müssen gar nicht alles verstehen. Selbst wenn Sie nur 50 Prozent verstehen würden, wäre das schon ein Riesen-Lernfortschritt. Die Chance, dass Sie die Worte, die Sie nachplappern, auch selbst wieder einsetzen, ist fünfmal höher. Sie konsumieren nicht nur, sondern *Sie sprechen es aus*. Das prägt sich viel besser ein. Und das erweitert Ihren Fremdsprachen-Wortschatz.

Machen Sie Simulganreden zu Ihrem neuen Hobby. Ich mache es übrigens permanent. Kaum eine Nachrichten-, oder Informationssendung, die ich nicht simulgan mitrede. Manchmal sogar die Werbung – das macht Laune.

Beraterinnen und Berater

In der geschriebenen wie auch in der gesprochenen Sprache ist nun seit einigen Jahren eine Neuerung festzustellen, die von vielen Rhetoriktrainern unterstützt wird. Bitte lesen Sie erst mal folgenden Zeitungstext:

> „Vertreterinnen und Vertreter der drei Innerschweizer Kantone wollen für ihre Bürgerinnen und Bürger ein neues Ausländer- (und Ausländerinnen)-Zentrum schaffen. Es gibt aber Kritikerinnen und Kritiker, die fürchten, danach von Ausländerinnen und Ausländern überschwemmt zu werden. Vorgestellt wurde die neue Idee bei einer Medienkonferenz in Luzern. Die anwesenden Journalistinnen und Journalisten waren nicht die einzigen Zuhörerinnen und Zuhörer. Auch etliche Bäuerinnen und Bauern aus der Umgebung interessierten sich für das Projekt. Aber sie kamen nicht als Befürworterinnen und Befürworter, sondern als Gegnerinnen und Gegner. Sie befürchten eine Überfremdung Ihrer Heimat. Bei der Präsentation gab es lautstarke Buhrufe unter den Zuhörerinnen und Zuhörern. Das Zentrum soll zwölf Mitarbeiterinnen und Mitarbeiter beschäftigen, darunter vier Dolmetscherinnen und Dolmetscher. Die Regierungsvertreterinnen und Regierungsvertreter haben inzwischen PR-Beraterinnen und PR-Berater hinzugezogen, die das Zentrum bei den Einwohnerinnen und Einwohnern attraktiver erscheinen lassen sollen.“

Nach den Regeln einiger „moderner“ Sprachspezialisten wurde dieser Text *politically correct* an die „heutige Zeit“ angepasst: Der männlichen Form eines Ausdrucks wurde immer die weibliche zugefügt.

Lesen Sie selbst, wie es klingen würde, wenn wir dagegen „sündigen“ würden:

„Vertreter der drei Innerschweizer Kantone wollen für ihre Bürger ein neues Ausländerzentrum schaffen. Es gibt aber Kritiker, die fürchten, danach von Ausländern überschwemmt zu werden. Vorgestellt wurde die neue Idee bei einer Medienkonferenz in Luzern. Die anwesenden Journalisten waren nicht die einzigen Zuhörer. Auch etliche Bauern aus der Umgebung interessierten sich für das Projekt. Aber sie kamen nicht als Befürworter, sondern als Gegner. Sie befürchten eine Überfremdung ihrer Heimat. Bei der Präsentation gab es lautstarke Buhrufe unter den Zuhörern. Das Zentrum soll zwölf Mitarbeiter beschäftigen, darunter vier Dolmetscher. Die Regierungsvertreter haben inzwischen PR-Berater hinzugezogen, die das Zentrum bei den Einwohnern attraktiver erscheinen lassen sollen."

Ich lasse auch hier einfach mein Gefühl entscheiden. Das können Sie wie immer auch selber tun. Schließen Sie die Augen und lassen Sie sich die erste Version und dann die zweite Version vorlesen. Was klingt für Sie spannender? Welche Version ist angenehmer zu hören? Ich empfinde den ersten Text schon geschrieben als eine Zumutung, aber stellen Sie sich vor, den hören Sie auch noch frei gesprochen. Das klingt einfach unerträglich. Die Theorie dahinter klingt wie immer plausibel. Sie lautet: Durch Benutzung sowohl der weiblichen wie männlichen Form werden auch die weiblichen Zuhörer aktiv einbezogen. Auch sie fühlen sich dann mehr angesprochen. Nur hat es wahrscheinlich wieder einmal niemand ausprobiert, ob es der Durchschnitt aller Frauen auch tatsächlich so empfindet.

Es ist ein theoretischer, verkopfter Ansatz. Nicht nur, dass Sie 30 Prozent mehr Zeit benötigen, um die identische Botschaft zu vermitteln, sondern Sie lähmen auch den Redefluss und verstümmeln so das Hörvergnügen. Und alles, was Vergnügen und Lust aus der Rhetorik nimmt, sollte vermieden werden. So spricht niemand, wenn er sich locker im Café unterhält, auch Frauen untereinander nicht, also sollten Sie es auch nicht öffentlich tun. So überzeugen Sie sicherlich niemanden.

Wie ich aus meinen Seminaren bestätigen kann, ergeht das auch den meisten Frauen so (Ausnahmen bestätigen wie immer die Regel), weil auch Frauen einen Text hören möchten, bei dem sie nicht kontrollierte Hirngeduld üben müssen, sondern einen Text, der sie packt, bei dem sie energielos zuhören können. Reden Sie so, wie die Bäckersfrau mit ihrer Nachbarin spricht.

Falls Sie im Publikum einige Vertreter (und Vertreterinnen) des theoretischen Rhetorik-Ansatzes vermuten, so können Sie vor Ihrer Rede kurz klarstellen: „Ich spreche mit der männlichen Form auch gleichzeitig immer die weibliche Form an.“ Und dann sprechen Sie so, wie Sie normalerweise auch sprechen.

7. Kurztipps zur Rhetorik

Kleidung

Sie überzeugen durch Ihre Persönlichkeit, nicht durch Ihre Krawatte. Zu Kleidern bei Vorträgen werden viele Regel gegeben. Ich gebe nur diese:

Wenn Sie *nicht* gut sind, empfehle ich Ihnen, eine Krawatte anzuziehen.

Analoges gilt für Damen bezüglich „Business-Outfit".

Ansonsten ziehen Sie an, was Ihnen Spaß macht. Wenn *Sie* sich wohl fühlen, fühlt sich auch Ihr Publikum wohl.

Komplizierte Sachverhalte

Wenn Sie einen schwierigen, komplizierten Sachverhalt zu schildern haben, gibt es zwei Möglichkeiten, das Publikum vorzubereiten. Entweder Sie übertreiben die Schwierigkeit oder Sie übertreiben die Einfachheit.

Sie übertreiben die Einfachheit – Sie verkaufen es als „ganz einfach"

Das Publikum liebt einfache Lösungen. Wenn Sie den Sachverhalt einleiten mit: „Ich zeig Ihnen jetzt etwas – es ist ganz einfach …", so haben Sie zwei Effekte:

1. Das Publikum bekommt Lust auf den Inhalt und wird damit offener für die Botschaft.
2. Sie selbst sind jetzt im Zugzwang, es so zu erklären, dass es wirklich einfach erscheint.

Sie übertreiben die Schwierigkeit – Sie verkaufen es als viel komplizierter als es wirklich ist:

Hier könnten Sie den Sachverhalt ungefähr folgendermaßen einleiten:

> „Es ist sehr, sehr kompliziert. Es gibt immer nur fünf Prozent der Leute, die das auf Anhieb verstehen. Normalerweise wäre das Universitätsstoff, viertes Semester Dialektik. Aber ich erklär's jetzt trotzdem. Also, wenn Sie es nicht verstehen, ist das der Normalfall: …"

Der Effekt ist folgender:

1. Das Publikum empfindet keinen Druck, es verstehen zu müssen.
2. Der Wettkampfgeist erwacht, einer der wenigen zu sein, der es doch kapiert.
3. Das Erfolgserlebnis ist umso gigantischer, wenn jemand es versteht.
4. Die, die es nicht verstehen, sind nicht bloßgestellt.

Der Schluss-Satz

Eine Rede können Sie immer mit einem der drei folgenden Triggersätze als Satzanfang elegant zu Ende führen:

Ich finde…

„Ich finde, die guten alten Traditionen, die Jahrhunderte gehalten haben, sollte man auch weiterhin pflegen."

Ich wünsche mir...

„Ich wünsche mir, dass wir in Zukunft die Ausländer hier so behandeln, wie wir selbst wünschen im Ausland behandelt zu werden."

Ich empfehle Ihnen...

„Ich empfehle Ihnen, wenn Sie einmal für ein Wochenende ein lohnendes Ausflugsziel suchen, fahren Sie unbedingt nach Zürich."

Was tun, wenn die Zeit weggelaufen ist

Wenn Sie während Ihrer Rede merken, dass Sie zu einzelnen Themenblöcken aus Zeitgründen nicht mehr kommen, dann lassen Sie die Themenblöcke einfach ganz weg. Machen Sie nicht den Fehler, dass Sie versuchen, die vorgesehenen Module in abgespeckter Form schnell doch noch durchzupeitschen. Dabei werden dann meistens nur allgemeine Aussagesätze ohne Beispiel und Deutlichmachung abgeleiert und ein an sich gutes Thema beeindruckt nicht mehr. Eine bisher gute Rede verblasst. Die Wirkung ist besser, wenn Sie den ganzen Themenblock einfach weglassen. Nicht vergessen: Niemand kennt Ihre Vorbereitung.

Professioneller Umgang mit Notizkarten

Auf Notizkarten schreiben Sie nur Stichworte oder Satzfragmente und sprechen ansonsten frei. Damit der Umgang mit Notizkarten professionell wirkt, beachten Sie nur eine Regel:

Lesen Sie das Stichwort von der Karte, *während* Sie noch reden.

Die meisten Leute machen den Fehler, dass sie am Ende eines Sinnschritts eine Sprechpause einlegen, dann stumm auf ihre Notizkarte schauen, das nächste Stichwort lesen und erst dann weitersprechen. Jetzt fällt es auf, dass Sie mit Notizkarten arbeiten, jetzt registriert es das Publikum. Wenn Sie das nächste Stichwort aber schon lesen, während Sie noch über einen Punkt referieren, wird es nicht registriert. So einfach ist das.

Wenn Sie den professionellen Umgang mit Notizkarten im Fernsehen erleben wollen, so schauen Sie einmal Günter Jauch bei einer seiner Moderationen zu.

Wie kann ich aus dem Stegreif reden

Es gibt einen Ansatz, wie Sie immer spontan eine gute Idee für Stegreifreden finden können. Legen Sie sich den Triggersatz zurecht:

Das erinnert mich an eine Geschichte...

Dieser Satz animiert Ihr Hirn, in eine bestimmte Richtung zu denken. Angenommen, Sie sollen spontan zum Thema „Wiedergeburt“ reden, dann kommen Sie mit diesem Ansatz sehr leicht auf einen lockeren Redestoff.

Ein zweiter Ansatz, um spontan eine Rede zu halten, ist die Überlegung:

Was war...
Was ist...
Was wird sein...

Nehmen wir wieder das Thema „Wiedergeburt“. Jetzt referieren Sie darüber, wie man früher zur Wiedergeburt stand, dann erzählen Sie über die heutige Einstellung der Menschen zur Wiedergeburt, und dann geben Sie einen Ausblick darüber, wie es wohl in der Zukunft aussehen könnte.

Diese „Vergangenheit – Gegenwart – Zukunft“-Struktur ist übrigens die einzige, die ich aus hunderten von vorgeschlagenen Redestrukturen in anderen Rhetorikbüchern für praktikabel halte.

Weg mit dem Rednerpult

Was mich an den meisten Rhetorikseminaren, die ich besucht habe, verwirrt hat, war die Tatsache, dass die Referenten einen Referententisch zwischen Publikum und sich hatten. Machen Sie bitte einmal selbst den Test: Sprechen Sie einen Satz vor Publikum, wenn ein Tisch zwischen Ihnen und dem Publikum steht und sprechen Sie gleich im

Anschluss denselben Satz ohne Tisch. Lassen Sie dann die Zuschauer beurteilen. Ich führe diesen Test immer und immer wieder in meinen Seminaren durch. Ergebnis:

Ein Referententisch frisst Unmengen an Energie.

Energie, die von Ihrer Person und Ihrem Anliegen abgeht. Dasselbe gilt selbstverständlich auch für ein Rednerpult. Wenn Sie die volle Energie wirken lassen wollen, dann reden Sie immer ohne Hindernis zwischen Ihnen und Ihrem Publikum.

Wenn ich zu Vorträgen eingeladen werde und es steht ein Rednerpult auf der Bühne, ist das Erste, was ich tue, das Rednerpult zur Seite zu räumen.

Sie werden vielleicht sagen: Das ist doch kein Beinbruch, wenn ein Rednerpult oder ein Referententisch vor mir steht. Stimmt, das ist es nicht. Aber das sind eben die Feinheiten, die einen David Copperfield vom Dorfzauberer unterscheiden.

Wie reagieren bei Störungen während der Rede

Sie sind beim Reden und ein Teilnehmer kommt zu spät oder ein Teilnehmer geht während Ihres Vortrags oder ein Handy klingelt irgendwo im Publikum oder der Roomservice bringt neues Mineralwasser. Das, was einen Profiredner von einem Amateur unterscheidet, ist: Der Profi ignoriert diese Störung. Denn es gilt:

Sie richten die Aufmerksamkeit des Publikums auf die Störung und verstärken die Störung, wenn Sie ihr selbst Aufmerksamkeit schenken.

Negatives wird dadurch verstärkt.

Angenommen, einer steht während Ihres Vortrags auf und geht. Jetzt gilt es cool zu bleiben. Sie reden unerbittlich weiter und schauen überallhin, nur nicht auf die Person, die sichtbar für alle nach draußen geht.

Der Pressesprecher des Schweizer Finanzministers war einmal in meinem Seminar. Einige Tage nach dem Seminar erzählte er mir von einer Pressekonferenz, die er gegeben hatte. Es war ihm genau das passiert, was jeder Redner fürchtet: Drei Journalisten gingen während der Konferenz einfach nach draußen. Hartnäckig hat er das Szenario ignoriert. „Vorher", so sagte er mir, „hätte ich verdutzt nachgeglotzt. Jetzt hatte ich die Sache im Griff."

So werden nüchterne Aussagen anschaulich

Es gibt drei Methoden, um nüchterne Aussagen für den Zuschauer anschaulich und begreifbar zu machen. Entweder Sie erzählen eine Geschichte dazu oder Sie erzählen ein Gleichnis dazu oder Sie erzählen ein Beispiel dazu. Um es Ihnen nun leicht zu machen, die drei Prinzipien auch umzusetzen, hier drei Triggersätze, die Ihnen dabei helfen:

Um eine *Geschichte* zu finden sagen Sie sich:

Das erinnert mich an eine Geschichte…

Um eine *Gleichnis* zu finden sagen Sie sich:

Das ist dasselbe wie…

Um eine *Beispiel* zu finden sagen Sie sich:

Dazu fällt mir ein Beispiel ein…

Die Steigerungsform von Gleichnissen sind Demonstrationen. Die Steigerungsform von Beispielen sind Anschauungsobjekte.

Zwei Formulierungen, die wirken

In acht von zehn Fällen

Häufig werden in Vorträgen Prozentzahlen angegeben. Da heißt es beispielsweise: „74 Prozent der Sorgen, die wir uns machen, sind umsonst“ oder „zwölf Prozent von dem, was wir in der Schule gelernt haben, bleibt“ oder „In 85 Prozent der Fälle passt die Antwort“. Wo kommen denn solche Zahlen her? Wie wird denn so was gemessen? Das wirkt unglaubwürdig. Bei so etwas gibt es doch nur grobe Schätzungen. Sprachlich kann man das nun einfach umsetzen, indem Sie die Formulierung wechseln. Anstatt Prozentzahlen anzugeben, sagen Sie: „In sieben von zehn Fällen sind die Sorgen umsonst“ oder „Von zehn Dingen, die wir in der Schule gelernt haben, bleibt uns nur ein Ding“ oder „In acht von zehn Fällen passt diese Antwort einfach“. Das wirkt viel glaubwürdiger.

Durch diese Formulierung wird sprachlich ausgedrückt, dass es nur eine grobe Näherung ist.

Woche für Woche, Monat für Monat, Jahr für Jahr

Das Wort „immer“ oder „regelmäßig“ können Sie sehr oft durch diese rhetorisch sehr wirksame Formulierung ergänzen.

Statt zu sagen: „Ich habe immer alle Zahlen des Roulett-tisches gesammelt“ sagen Sie lieber: „Ich habe alle Zahlen des Rouletttisches gesammelt. Tag für Tag, Woche für Woche, Monat für Monat, Jahr für Jahr“. Das klingt viel interessanter. Dadurch erreichen Sie Dramatik.

Anderes Beispiel:

Statt zu sagen: „Dadurch sparen Sie regelmäßig fünf Minuten“, sagen Sie lieber: „Dadurch sparen Sie regelmäßig fünf Minuten. Stunde für Stunde, Tag für Tag, Woche für Woche, Monat für Monat, Jahr für Jahr.“

Anderes Beispiel:

Anstatt zu sagen: „Da müssen Sie immer wieder dieselben Zahlen eingeben“, sagen Sie lieber: „Sie müssen immer wieder dieselben Zahlen eingeben. Tag für Tag, Woche für Woche, Monat für Monat, Jahr für Jahr.“

8. Die Checkliste für eine mitreißende Rede

Allgemein

Haben Sie am Ende Ihrer Rede die Handlungsenergie der Zuschauer in eine konkrete Maßnahme kanalisiert?

Wo könnten Sie in Ihren Vortrag einige rhetorische Wirk-Fragen einbauen?

Wo könnten Sie eine Anaphora einbauen?

Sprache

Haben Sie jeden Fachausdruck durch ein bildhaftes Wort ersetzt?

Haben Sie Ihre Größenangaben durch konkret Zahlen anschaulich gemacht?

Gibt es Hauptwortsätze, die durch Sätze mit Verben ersetzt werden können?

Wo könnte eine Passage in reiner Bildersprache in die Rede eingebaut werden?

Haben Sie unglaubhafte Werbeausdrücke in Ihrer Rede, wie *effizient, innovativ, flexibel?*

Sind Ihre Sätze im Durchschnitt kürzer als zwölf Worte?

Haben Sie Weichmacher in Ihrer Sprache wie *eigentlich, ein bisschen, wie gesagt?*

Folien

Welche Textfolien können durch eine Bildfolie ersetzt werden?

Sind Ihre Texte nur reduzierte Rumpfbotschaften?

Welche Folie könnte weggelassen werden?

Sind Ihre Bildfolien von allen unnötigen Textelementen befreit?

Haben Sie vermieden, den Text auf den Folien noch einmal vorzulesen?

Welche Folie, welches Diagramm könnte am Overheadprojektor per Hand gezeichnet werden?

Ist sichergestellt, dass mit Ihrer Folie ohne Ihren erklärenden Text niemand etwas anfangen kann?

Haben Sie beachtet, dass die Folienbotschaft von Ihnen zeitgleich mit dem Anknipsen des Projektors ausgesprochen wird?

Ist sichergestellt, dass Ihre Folie in maximal zwei Sekunden erfasst werden kann?

Haben Sie Titelüberschriften auf Ihrer Folie weggelassen?

Ist Ihr Firmenlogo von der Folie weg?

Haben Sie Spannung durch Abdecken erzeugt?

Beschriften Sie Zahlendiagramme per Hand während der Präsentation?

Welches Diagramm könnten Sie durch eine Handzeichnung ersetzen?

Welchen Gegenstand könnten Sie auf den Overheadprojektor legen, um ein Schattenbild zu erzeugen?

Gleichnisse

Wo könnten Sie Ihre Aussage mit einem Gleichnis unterstützen?

Welche Aussage des Gegners könnten Sie mit einem Gleichnis zunichte machen?

Meinungsführer

Ist in Ihrer Rede eine Passage, in der Sie dokumentieren, dass Sie's können?

Haben Sie eine Geschichte eingebaut, die Sie mit Bravour bestanden haben (Success-Story)?

Wo könnten Sie das Publikum mit interessantem Detailwissen verblüffen?

Wo könnten Sie eine Abstimmungsfrage mit „Hand hoch" einbauen?

Haben Sie vereinfachende, konkrete Tipps eingebaut?

Wo könnten Sie eine Informationsfrage ins Publikum stellen?

Wie könnten Sie das Publikum aktiv werden lassen?

Körpersprache

Haben Sie Ihre Körperhaltung auf Baumstamm-Niveau?

Sind Ihre Hände beim Reden mit Power in Bewegung?

Ist Ihre Stimme zu Beginn lauter, als Sie normalerweise sprechen?

Schauen Sie die Zuschauer mit festem Blick an?

Überzeugen

Haben Sie plastisch die Vorteile und den Nutzen für das Publikum beschrieben?

Haben Sie Grundwerte Ihres speziellen Publikums angespochen?

Haben Sie jedes rhetorische Element danach überprüft, ob es logisch ist?

Haben Sie Ihren Zahlenwerten größere oder kleinere Vergleichszahlen vorangestellt?

Können Sie Ihrer Lösung ein Horrorszenario als Scheinalternative voranstellen?

Können Sie Ihre Zahlen durch Multiplikation oder Division groß oder klein erscheinen lassen?

Haben Sie beachtet, dass bei Abstimmungen der Gegner aktiv werden muss?

Haben Sie massive Gegenargumente des Widersachers erwähnt und entkräftet?

Haben Sie das Selbstbild des Publikums beschrieben?

Haben Sie das Leitbild der Firma, in der Sie die Präsentation machen, als Mohrrübe eingebaut?

Haben Sie Aussagen eingebaut, denen das Publikum zustimmt?

Haben Sie Passagen eingebaut, mit denen Sie das Publikum zum Schmunzeln bringen?

Haben Sie eine Geschichte eingebaut, bei der Sie sympatisch rüberkommen?

Haben Sie nicht alle Argumente aufgelistet, sondern nur ein oder zwei, die aber dafür plastisch mit konkretem Beispiel, beschrieben?

Ist der Istzustand so beschrieben, dass er unter die Haut geht?

Haben Sie das Publikum als handelnde Person agieren lassen? (Stellen Sie sich vor …)

Haben Sie die Konkurrenz Ihrer Zuhörergruppe erwähnt?

Können Sie eventuell aus Ihrem Anliegen ein Gewinnspiel machen?

Haben Sie zu jeder Aussage ein Beispiel gebracht?

Was können Sie zur Verdeutlichung auf den Flipchart schreiben?

Können Sie eine Botschaft auf dem Flipchart mit schwungvoller Geste durchstreichen?

Wird Ihre Lösung erst nach einer Spannungssteigerung aus dem Sack gelassen?

Lassen Sie das Publikum lange genug im Unklaren, um krimimäßige Spannung zu erzeugen?

Haben Sie Passagen eingebaut, durch die Bilder ausgelöst werden?

Haben Sie aus Ihrer Lösung ein Geheimnis gemacht?

Eröffnung

Ist Ihre Eröffnung spektakulär und Neugier erweckend?

Welches Anschauungsobjekt könnten Sie mit in die Präsentation nehmen?

Haben Sie auf eine Begrüßung verzichtet?

Haben Sie auf Übersichten am Anfang verzichtet?

Haben Sie auf administrative Ankündigungen verzichtet?

Haben Sie es vermieden, sich selbst vorzustellen?

Haben Sie eine Hand-hoch-Frage eingebaut?

Haben Sie eine Informationsfrage eingebaut?

Sind Ihre Fragen wirklich vom Publikum mit einer eindeutigen Reaktion beantwortbar?

Haben Sie eine persönliche Geschichte eingebaut?

Wo könnten Sie anonym über ein Objekt sprechen und erst danach auflösen, welches Objekt Sie gemeint haben?

Können Sie Ihre Rede mitten in einer Geschichte beginnen lassen?

An welcher Stelle könnten Sie eine Demonstration einbauen?

Welches Gleichnis könnten Sie als Demonstration auf der Bühne vorführen?

Können Sie eine Demonstration einbauen, die alle im Publikum beteiligt?

Nervosität

Haben Sie vor Ihrer Rede bewusst den Gedanken „Ich habe euch etwas Geniales mitzuteilen“ wiederholt?

Haben Sie vor Ihrem Vortrag zur Ablenkung ein lockeres Gespräch gesucht?

Haben Sie vor Ihrer Rede eine körperliche Übung gemacht, durch die Sie den Atem ruhig halten?

Jubiläumsreden

Welche lustige Begebenheit vom Jubilar könnten Sie erzählen?

Welche Geschichte vom Jubilar könnten Sie erzählen, in der Sie ihn bewundert haben?

Haben Sie klar ausgesprochen, welche Rolle er für Sie spielt, z.B. „Ich bin stolz auf dich…“?

Kurztipps

Welchen komplizierten Sachverhalt könnten Sie als „ganz einfach“ einleiten?

Welchen komplizierten Sachverhalt könnten Sie als viel schwieriger hinstellen, als er ist?

Schauen Sie nur dann auf Ihre Notizkarten, während Sie noch reden?

Könnten Sie Ihre Rede mit der Struktur „Vergangenheit – Gegenwart – Zukunft“ aufbauen?

Haben Sie den Referententisch bzw. das Rednerpult weggeräumt?

Können Sie Störungen während Ihrer Rede ignorieren?

Ist es vielleicht besser, eine Prozentzahl mit „in acht von zehn Fällen“ zu ersetzen?

Haben Sie beachtet, bei Zeitmangel ganze Themenblöcke wegzulassen?

Weiß das Publikum, was es nun tun soll, was es vorher nicht getan hat?

Zum Schluss

Gute Rhetorik ist immer einfache Rhetorik. Seit Jahrtausenden ist über Rhetorik nachgedacht worden. Es gibt eine unüberschaubare Anzahl von Regeln.

Machen Sie immer bei allen Regeln, die Sie zur Rhetorik hören, die Zwei-Versionen-Probe. Sie machen einmal die Version, so wie Sie von der Regel vorgegeben wird, und dann die Version, wo Sie das Gegenteil der Regel ausprobieren. Danach lassen Sie Ihren Bauch entscheiden: Was gefällt dem besser? Und das nehmen Sie. Das gilt für meine Regeln natürlich genauso wie für alle anderen Regeln. Sollte der Bauch bei Ihnen einmal anders entscheiden, als ich als Regel vorgegeben habe, so müssen Sie unbedingt Ihrer Bauchentscheidung folgen.

Wenn Sie Informationen zum Rhetorikseminar „Präsentieren als Infotainment" oder zum Seminar „Schlagfertig & erfolgreicher" haben möchten, so wenden Sie sich bitte an unten stehende Adresse.

Die Seminare werden regelmäßig in Deutschland, Österreich und der Schweiz durchgeführt.

Pöhm Seminarfactory
Alte Stationsstr. 6
CH – 8906 Bonstetten
Tel: 0041- (0)1–777 98 41; E-Mail:
poehm@poehm.com
Homepage: *www.poehm.com*

oder

Pöhm Seminarfactory, Außenstelle München
Chiemgaustr. 116
D-81549 München
089–6895 1205

Anmerkungen

[1] Beilage Alpha des Tagesanzeigers 23./24. Dezember 2000.

[2] Aus der Liveaufnahme des Kassettenseminars „Fit Forever“, Gabal Verlag.

[3] TéléZüri am 02.03.1998.

[4] Erst nach Manuskriptabgabe habe ich festgestellt, dass Andreas Bornhäuser in seinem Buch „Präsentainment“ auf den gleichen Lösungsansatz gekommen ist. Glückwunsch!

Stichwortverzeichnis